DISCIPLINA
É
DESTINO

DISCIPLINA É DESTINO

O PODER DO AUTOCONTROLE

RYAN HOLIDAY

Tradução de Cássia Zanon

Copyright © 2022 by Ryan Holiday

Todos os direitos reservados, inclusive o direito de reprodução total ou parcial em qualquer meio. Esta edição foi publicada mediante acordo com Portfolio, um selo do Penguin Publishing Group, divisão da Penguin Random House LLC.

TÍTULO ORIGINAL
Discipline is Destiny: The Power of Self-Control

PREPARAÇÃO
Angélica Andrade
Ilana Goldfeld

REVISÃO
Caíque Pereira
Rodrigo Rosa

ADAPTAÇÃO DE PROJETO GRÁFICO E DIAGRAMAÇÃO
Julio Moreira | Equatorium Design

DESIGN DE CAPA
Jason Heuer

IMAGENS DE CAPA
Detalhe de mosaico representando cocheiro e cavalo, aproximadamente do século III d.C., hoje localizado no Palazzo Massimo alle Terme (Roma).

CIP-BRASIL. CATALOGAÇÃO NA PUBLICAÇÃO
SINDICATO NACIONAL DOS EDITORES DE LIVROS, RJ

H677d
   Holiday, Ryan, 1987-
      Disciplina é destino : o poder do autocontrole / Ryan Holiday ; tradução Cássia Zanon. - 1. ed. - Rio de Janeiro : Intrínseca, 2024.
      272 p. ; 21 cm.

      Tradução de: Discipline is destiny
      Sequência de: O chamado da coragem
      ISBN 9788551009932

      1. Filosofia antiga. 2. Estoicos. 3. Conduta de vida. I. Arlin, Zanon, Cássia. II. Título.

24-90291   CDD: 188
                                                          CDU: 17

Gabriela Faray Ferreira Lopes - Bibliotecária - CRB-7/6643

Todos os direitos desta edição reservados à
EDITORA INTRÍNSECA LTDA.
Av. das Américas, 500, bloco 12, sala 303
22640-904 – Barra da Tijuca
Rio de Janeiro – RJ
Tel./Fax: (21) 3206-7400
www.intrinseca.com.br

Há duas palavras que devemos levar a sério e obedecer ao nos esforçarmos para o bem e nos abstermos do mal, palavras que garantirão uma vida sem culpa e sem problemas: persistir e resistir.

EPICTETO

SUMÁRIO

As quatro virtudes	11
Introdução	15
Disciplina é destino	23

PARTE I: O EXTERIOR (O CORPO)

Domine o corpo	27
Comece ao amanhecer	40
A vida extenuante é a melhor	44
Pare de ser um escravo	49
Evite o supérfluo	53
Limpe sua mesa	56
Marque presença	60
Preste atenção às pequenas coisas	63
Movimente-se	65
Desacelere… para ir mais rápido	68
Pratique… e depois pratique mais	71
Trabalhe	74
Vista-se para o sucesso	77
Busque o desconforto	81
Administre a carga	84
Dormir é um ato de caráter	89

Quanto você consegue suportar? 92
Para além do corpo 96

PARTE II: O DOMÍNIO INTERIOR (O TEMPERAMENTO)

Domine a si mesmo 101
Encare tudo assim 113
O mais importante é o mais importante 117
Foco, foco, foco 122
Espere a fruta mais doce 126
O perfeccionismo é um vício 129
Faça primeiro o mais difícil 133
Você consegue se levantar de novo? 136
A batalha contra a dor 140
A batalha contra o prazer 145
Ignore a provocação 149
Cuidado com as emoções excessivas 153
Silêncio é força 157
Aguente firme 160
Modere sua ambição 164
O dinheiro é uma ferramenta (perigosa) 168
Seja cada dia melhor 174
Compartilhe a carga 178
Respeite o tempo 183
Imponha limites 186
Dê seu melhor 190
Para além do temperamento 194

PARTE III: O MAGISTRAL (A ALMA)

Eleve-se	199
Tolerante com os outros, rigoroso consigo mesmo	213
Ajude os outros a melhorar	218
Elegância sob pressão	221
Leve a carga pelos outros	225
Seja gentil consigo mesmo	228
O poder de ceder o poder	231
Dê a outra face	235
Como se retirar	238
Suporte o insuportável	242
Seja melhor	246
Flexibilidade é força	250
Inalterado pelo sucesso	254
Disciplina é virtude, virtude é disciplina	258
Posfácio	262
Agradecimentos	271

AS QUATRO VIRTUDES

~

Já faz muito tempo desde que Hércules chegou à encruzilhada. Em um vale silencioso entre as colinas da Grécia, à sombra de pinheiros nodosos, o grande herói da mitologia encontrou seu destino pela primeira vez.

Ninguém sabe exatamente onde ou quando aconteceu. Ouvimos sobre esse acontecimento nas histórias de Sócrates. Podemos vê-lo retratado nas mais belas obras de arte do Renascimento e sentir o ímpeto crescente do herói, seus músculos robustos e sua angústia na cantata clássica de Bach. Se o desejo de John Adams tivesse sido cumprido em 1776, Hércules na encruzilhada teria sido imortalizado no brasão oficial dos então recém-fundados Estados Unidos.

Isso tudo porque, naquele momento, antes de sua fama imortal, antes dos doze trabalhos e antes de mudar o mundo, Hércules teve uma crise, tão real e transformadora quanto as crises que qualquer um de nós já enfrentou.

Para onde ele se encaminhava? Para onde estava tentando ir? Esse é o ponto principal da história. Sozinho, anônimo e inseguro, Hércules, assim como tantos outros, não sabia.

De um lado da bifurcação, uma bela deusa ofereceu ao rapaz todas as tentações que ele poderia imaginar. Adornada com elegância, ela lhe prometeu uma vida tranquila e jurou que ele jamais passaria necessidade, sentiria infelicidade, medo ou dor. "Siga-me", disse ela, "e todos os seus desejos serão realizados".

Do outro lado, uma deusa com uma expressão mais severa, em um vestido branco, esperava-o. Fez uma proposta menos exuberante. Não prometeu nenhuma recompensa, exceto as que resultariam do trabalho árduo. Explicou ao rapaz que seria um caminho longo. Que haveria sacrifícios e momentos assustadores, mas que se tratava de uma jornada digna de um deus, o percurso de seus ancestrais. Que ele se tornaria o homem que tinha nascido para ser.

A história é verdadeira? Aconteceu mesmo?

Se estamos falando só de uma lenda, tem alguma importância?

Tem, pois é uma história sobre nós.

Sobre nosso dilema. Sobre nossas encruzilhadas.

Hércules precisava escolher entre vício e virtude, entre o caminho fácil e o caminho difícil, entre a estrada trilhada por muitos e a estrada menos percorrida. Assim como todos nós.

Depois de apenas um segundo de hesitação, Hércules escolheu o caminho que fez toda a diferença.

Escolheu a virtude.

A palavra *virtude* pode soar antiquada. Na verdade, "virtude" — *areté* — tem uma tradução muito simples e muito atemporal: excelência. Moral. Física. Mental.

Na Antiguidade, a virtude possuía quatro atributos fundamentais.

Coragem.

Temperança.

Justiça.

Sabedoria.

O rei-filósofo Marco Aurélio os chamava de "os pilares da bondade". Milhões de pessoas os conhecem como as "virtudes cardeais", quatro ideais praticamente universais adotados pelo cristianismo e por boa parte da filosofia ocidental, mas também valorizados no budismo, no hinduísmo e em quase todas as filosofias que se possa imaginar. C. S. Lewis destacou que essas virtudes são chamadas de "cardeais" não porque tenham sido instituídas pela Igreja Católica, mas porque se originaram do latim *cardo*, ou dobradiça.

São coisas *essenciais*. Que abrem as portas para a boa vida.

Também são o tópico deste livro e desta série.

Quatro livros.* Quatro virtudes.

Um objetivo: ajudar você a escolher...

Coragem, bravura, resistência, honra, sacrifício...

Temperança, autocontrole, moderação, compostura, equilíbrio...

Justiça, equidade, serviço, companheirismo, bondade, gentileza...

Sabedoria, conhecimento, educação, verdade, autorreflexão, paz...

Esses atributos são o segredo para uma vida de honra, de glória e de *excelência* em todos os sentidos. Traços de personalidade que John Steinbeck descreveu muito bem como "agradáveis e desejáveis para [seu] possuidor e que permitem que ele realize atos dos quais possa se orgulhar e com os quais possa se sentir satisfeito". Aqui, porém, o *ele* quer dizer "toda a humanidade". No latim, a palavra *virtus* (virtude) não era feminina nem masculina, simplesmente *era*.

E ainda é. Não importa o gênero com o qual você se identifique. Não importa se você é fisicamente forte ou extremamente tímido, um gênio ou alguém de inteligência mediana, a virtude é universal. Continua sendo um imperativo universal.

Todas as virtudes são inter-relacionadas e inseparáveis, embora cada uma seja distinta das outras. Fazer a coisa certa quase sempre exige coragem, assim como é impossível atingir a disciplina sem a sabedoria do que vale ser escolhido. De que vale a coragem se não for aplicada à justiça? De que vale a sabedoria se não nos tornar mais modestos?

Norte, sul, leste, oeste. As quatro virtudes são uma espécie de bússola — há um motivo por que os pontos cardeais são chama-

---

* Este é o livro 2. O livro 1 é *O chamado da coragem*.

dos assim. Eles nos orientam, nos mostram onde estamos e o que é verdade.

Aristóteles descreveu a virtude como uma espécie de ofício, algo que devemos buscar da mesma maneira que buscamos dominar uma profissão ou uma habilidade. "Nós nos tornamos construtores construindo e nos tornamos harpistas tocando harpa", escreve ele, "do mesmo modo, portanto, nos tornamos justos realizando ações justas, moderados realizando ações moderadas e corajosos realizando ações corajosas".

Virtude é algo que *fazemos*.

É algo que escolhemos.

Não uma só vez, pois a encruzilhada de Hércules não foi um acontecimento único. Trata-se de um desafio diário, que enfrentamos constante e repetidamente. Seremos egoístas ou abnegados? Corajosos ou temerosos? Fortes ou fracos? Sábios ou estúpidos? Cultivaremos um hábito bom ou ruim? A coragem ou a covardia? A felicidade da ignorância ou o desafio de uma nova ideia?

Permanecer o mesmo... ou crescer?

O caminho fácil ou o caminho correto?

INTRODUÇÃO

~

"Deseja ter um grande império? Domine a si mesmo."

PUBLÍLIO SIRO

Vivemos em tempos de fartura e liberdade inimagináveis até mesmo para nossos ancestrais mais recentes.

Uma pessoa comum em uma nação desenvolvida tem à disposição luxos e oportunidades que os reis todo-poderosos de outrora não tinham como adquirir. Ficamos aquecidos no inverno, refrescamo-nos no verão e nossa barriga fica cheia com muito mais frequência do que sentimos fome. Podemos ir aonde quisermos. Fazer o que quisermos. Acreditar no que quisermos. Em um estalar de dedos, surgem prazeres e distrações.

Está entediado? Viaje.

Detesta o trabalho? Mude.

Deseja? Pegue.

Pensa? Diga.

Quer? Compre.

Sonha? Corra atrás.

Quase tudo que quiser, sempre que quiser, como quiser, é seu. É nosso direito humano. É como deveria ser.

No entanto... o que conseguimos realmente conquistar com tudo isso? De modo algum foi uma prosperidade generalizada. Somos capacitados, livres, abençoados além de quaisquer expectativas — então por que nos sentimos tão infelizes?

Porque confundimos liberdade com licenciosidade. A liberdade, como disse Eisenhower, é, na verdade, apenas uma "oportunidade de autodisciplina". A menos que prefiramos estar à deriva, vulneráveis, desordenados e desconectados, somos responsáveis por nós mesmos. Tecnologia, acesso, sucesso, poder e privilégio só são bênçãos quando acompanhados da segunda virtude cardeal: o autocontrole.

Temperantia.
Moderatio.
Enkrateia.
Sophrosyne.
Majjhimāpaṭipadā.
Zhongyong.
Wasat.

De Aristóteles a Heráclito, de São Tomás de Aquino aos estoicos, da *Ilíada* à Bíblia, no budismo, no confucionismo e no islamismo, os antigos tinham muitas palavras e muitos símbolos para o que equivale a uma lei eterna do universo: devemos nos manter sob controle ou correr o risco de acabar em ruína. Ou desequilíbrio. Ou disfunção. Ou dependência.

É irrefutável que nem todos os problemas são consequências da fartura, mas *todo mundo* se beneficia da autodisciplina e do autocontrole. A vida não é justa. Os dons não são distribuídos de modo uniforme. A realidade dessa desigualdade é que aqueles dentre nós que vêm de uma situação de desvantagem precisam ser ainda mais disciplinados para ter uma chance. Precisam trabalhar mais, com uma margem menor de erros. Mesmo aqueles com menos liberdades ainda precisam tomar inúmeras decisões diárias sobre quais impulsos saciar, que atitudes tomar e o que aceitar ou exigir de si mesmos.

Nesse sentido, estamos todos no mesmo barco: tanto os afortunados quanto os desafortunados devem descobrir como administrar as emoções, como se abster do que deve de fato ser abdicado e como escolher quais padrões seguir. Devemos dominar a nós mesmos, a menos que prefiramos ser dominados por outra pessoa ou coisa.

É possível dizer que cada um de nós tem um eu superior e um eu inferior, e que esses dois eus estão em constante batalha entre si. O *posso* contra o *devo*. O que podemos fazer e sair impunes contra o que é o *melhor* a fazer. O eu que se concentra e o eu que se distrai com facilidade. O eu que se esforça e alcança o que deseja e o eu que é flexível e sabe ceder. O eu que busca o equilíbrio e o eu que ama o caos e o excesso.

Para os antigos, a palavra para essa batalha interior era *akrasia*, mas, na verdade, trata-se da mesma encruzilhada hercúlea.

O que vamos escolher?

Qual lado vai ganhar?

Quem você será?

A PRINCIPAL FORMA DE GRANDEZA

No primeiro livro desta série sobre as virtudes cardeais, a coragem foi definida como a vontade de arriscar tudo — por algo, por alguém, pelo que você sabe que deve fazer. A autodisciplina, a virtude da temperança, é ainda mais importante. Trata-se da capacidade de *se manter na linha*.

É a capacidade de...

... trabalhar duro;

... dizer "não";

... cultivar bons hábitos e estabelecer limites;

... treinar e se preparar;

... ignorar tentações e provocações;

... manter as emoções sob controle;

... suportar adversidades dolorosas.

Autodisciplina é dar tudo de si... e saber no que se controlar. Há alguma contradição nisso? Não, apenas *equilíbrio*. Resistimos a algumas coisas e lutamos por outras. Em tudo, procedemos com moderação, de maneira intencional e razoável, sem nos tornarmos obcecados nem nos deixarmos levar.

Temperança não é privação, mas domínio de si mesmo no âmbito físico, mental e espiritual. Exigir o melhor de nós, mesmo quando ninguém está olhando, mesmo quando não nos é exigido tanto. É preciso coragem para viver assim, não apenas porque é difícil, mas porque é algo que nos diferencia.

Desse modo, a disciplina é, ao mesmo tempo, preditiva e determinista. Isso aumenta as suas probabilidades de sucesso e garante que, aconteça o que acontecer, *você será grande*. O inverso também é verdadeiro: a falta de disciplina o coloca em perigo e também determina quem e o que você é.

Voltemos a Eisenhower e à sua ideia de que a liberdade é a oportunidade para a autodisciplina. Sua própria vida não provou esse ponto? Ele passou cerca de trinta anos em postos militares sem qualquer glamour até ser promovido a general, e teve de assistir, nos Estados Unidos, a colegas ganharem medalhas e aclamação no campo de batalha. Em 1944, quando foi nomeado Comandante Supremo das Forças Aliadas, na Segunda Guerra Mundial, de repente passou a controlar um exército de cerca de três milhões de homens, parte de um esforço de guerra que acabou envolvendo mais de cinquenta milhões de pessoas. À frente de uma aliança de países que somava mais de setecentos milhões de cidadãos, ele descobriu que, não só não estava isento de seguir as regras, mas precisava ser mais rigoroso consigo mesmo do que nunca. Compreendeu que a melhor maneira de liderar não era pela força ou por decretos, mas pela persuasão, pelo compromisso, pela paciência, pelo controle do temperamento e, acima de tudo, pelo exemplo.

Ao fim da guerra, ele se tornara um vencedor de vencedores, pois havia conquistado uma vitória sem precedentes que, esperamos, não precisará se repetir na história. Depois, como presidente, com um recém-descoberto arsenal de armas nucleares sob seu controle, transformou-se, literalmente, no ser humano mais poderoso do mundo. Não havia quase nada que não pudesse fazer nem ninguém que pudesse detê-lo. Todos o admiravam ou desviavam o olhar, com medo. No entanto, sua presidência não envolveu novas guerras nem o uso dessas armas horríveis, tampouco escaladas de conflito, e ele deixou o cargo com avisos proféticos sobre o mecanismo que cria a guerra, o chamado "complexo militar-industrial". De fato, o uso de força mais notável de Eisenhower como presidente ocorreu quando ele enviou a 101ª divisão aérea para proteger um grupo de crianças negras a caminho da escola pela primeira vez.

E quanto a escândalos? Enriquecimento público? Promessas quebradas?

Não ocorreram.

Sua grandeza, como toda grandeza verdadeira, não estava enraizada na agressão, no ego, nas ambições ou em uma grande fortuna, mas na simplicidade e na moderação — em como comandava a si mesmo, o que, por sua vez, tornava-o digno de comandar os outros. Compare-o aos conquistadores de seu tempo: Hitler. Mussolini. Stálin. Compare-o a seus contemporâneos: MacArthur. Patton. Montgomery. Compare-o a homens que estiveram em posição semelhante no passado: Alexandre, o Grande. Xerxes. Napoleão. No fim, o que perdura, o que realmente nos maravilha, não é a ganância, mas o autocontrole. A autoconsciência. *A temperança.*

Quando Eisenhower era jovem, sua mãe citou para ele um versículo do Livro dos Provérbios: "Melhor é o que tarda em irar-se do que o poderoso, e o que controla o seu ânimo do que aquele que toma uma cidade." Ela lhe ensinou a mesma lição que Sêneca tentava incutir nos governantes que aconselhava: "Mais poderoso é aquele que tem a si mesmo em seu próprio poder."

Foi assim que Eisenhower, literalmente, conquistou o mundo ao conquistar primeiro a si mesmo.

Contudo, há uma parte de nós que celebra e talvez inveja aqueles que se permitem mais, que repetem padrões de comportamento menos nobres: os astros do rock, os famosos, os perversos. Parece mais fácil. Parece mais divertido. Talvez até seja o caminho para sair na frente.

Certo?

Não, é uma ilusão. Ao analisarmos de forma mais detalhada, percebemos que ninguém tem mais dificuldade do que o preguiçoso. Ninguém sente mais dor do que o glutão. Que nenhum sucesso dura menos do que o do imprudente ou o do infinitamente ambicioso. Não perceber o próprio potencial é um castigo terrível. A ganância desloca as traves do gol e nos impede de desfrutar do que temos. Mesmo que o mundo exterior a celebre, por dentro, só há miséria, autodesprezo e dependência.

No que diz respeito à temperança, os antigos gostavam da metáfora do cocheiro. Para vencer a corrida, é preciso não apenas fazer com que os cavalos corram a toda velocidade, mas também mantê-los sob controle, combater o nervosismo e segurar as rédeas com tanta firmeza que seja possível guiar com precisão mesmo nas circunstâncias mais difíceis. O cocheiro deve descobrir como equilibrar rigidez e gentileza, o toque leve e o pesado. Deve controlar o próprio ritmo e o de seus animais, e ganhar velocidade a cada oportunidade que surgir. Um cocheiro sem controle será veloz... mas inevitavelmente colidirá. Em especial nas curvas fechadas da arena e na estrada sinuosa e esburacada da vida. Em especial com a torcida e a concorrência torcendo por isso.

Com disciplina, não apenas tudo é possível, mas também tudo é aprimorado.

Cite alguém realmente grande que não tivesse autodisciplina. Cite um desastre calamitoso que não se deveu, pelo menos em parte, a uma falta de autodisciplina.

A vida tem menos a ver com talento do que com temperamento. E com temperança.

As pessoas que mais admiramos e que analisaremos neste livro — Marco Aurélio, a rainha Elizabeth II, Lou Gehrig, Angela

Merkel, Toni Morrison, Martin Luther King Jr., George Washington, Winston Churchill — inspiram-nos com sua moderação e dedicação. Os personagens antagônicos da história — Napoleão; Alexandre, o Grande; Júlio César; o rei George IV — surpreendem-nos com a autodestruição. E, uma vez que cada um de nós contém multidões em seu interior, às vezes deparamos com excesso e moderação na mesma pessoa, o que nos permite aprender com ambas as facetas.

Liberdade exige disciplina.
Disciplina nos dá liberdade.
Liberdade e grandeza.
Seu destino está aí.
Você vai segurar as rédeas?

DISCIPLINA
É
DESTINO

PARTE 1
O EXTERIOR (O CORPO)

"Nosso corpo é nossa glória, nosso obstáculo e nossa responsabilidade."

MARTHA GRAHAM

Começamos com o eu: a forma física. Na primeira carta de São Paulo aos coríntios, somos instruídos a manter o corpo sob controle e submetê-lo à sujeição para que não sejamos descartados. De acordo com os estoicos, a tradição romana ministrava a "resistência física, uma dieta frugal e o uso modesto de outros bens materiais". Eles usavam roupas e sapatos funcionais, comiam em pratos funcionais, bebiam com moderação em copos funcionais e se comprometiam com sinceridade com os rituais da vida antiga. Temos pena deles? Ou admiramos sua simplicidade e dignidade? Em um mundo de abundância, cada um de nós deve lutar contra os desejos e os impulsos, bem como encarar a batalha eterna para se fortalecer diante das vicissitudes da vida. Não se trata de ter músculos definidos nem de evitar tudo o que é bom, mas de desenvolver a coragem necessária para o caminho que escolhemos. Tem a ver com ser capaz de percorrer esse caminho e evitar os becos sem saída e as miragens. Se não nos dominamos fisicamente, quem e o que nos domina? Forças externas. A preguiça. A adversidade. A entropia. A atrofia. Fazemos o que devemos, hoje e sempre, porque é para isso que estamos aqui. Sabemos que, embora pareça fácil ir com calma e mais agradável satisfazer nossos prazeres, esse é um caminho muito mais doloroso a longo prazo.

DOMINE O CORPO

Ele jogou, apesar da febre e da enxaqueca. Jogou, apesar da dor incapacitante nas costas, dos músculos distendidos e dos tornozelos lesionados. Um dia, ao ser atingido na cabeça por uma bola rápida a 130 quilômetros por hora, preparou-se e jogou com o boné de Babe Ruth, porque o inchaço o impedia de colocar o seu.

Lou Gehrig jogou na primeira base do New York Yankees em 2.130 jogos consecutivos, um recorde de resistência física que perdurou cinco décadas e meia. Trata-se de uma façanha de resistência humana imortalizada há tanto tempo que é fácil não reconhecer e valorizar como isso foi incrível. Na época, a temporada regular da liga principal de beisebol tinha 152 jogos. Quase todos os anos, os Yankees de Gehrig avançavam para a pós-temporada, e eles conquistaram sete vezes a World Series. Por dezessete anos, Gehrig jogou de abril a outubro, sem descanso, no mais alto nível. Fora da temporada, os jogadores saíam em excursões e disputavam em jogos amistosos, às vezes viajando para países distantes, como o Japão. Em seu tempo com os Yankees, Gehrig participou de cerca de 350 dias com dois jogos no mesmo dia (*doubleheaders*) e viajou pelo menos 320 mil quilômetros pelo país, principalmente de trem e ônibus.

No entanto, nunca faltou a um jogo.

Não por nunca ter se machucado ou ficado doente, mas porque, como seu apelido "Iron Horse" (Cavalo de Ferro) mostrava, ele se recusava a desistir, superava a dor e os limites físicos que outros teriam usado como desculpa. A certa altura, fizeram radiografias das mãos de Gehrig, e os médicos encontraram pelo menos dezessete fraturas curadas, o que os deixou boquiabertos. Ao longo da carreira, o jogador quebrou quase todos os dedos, mas ele não apenas continuou, implacável, como nunca disse uma palavra sobre o assunto.

Por outro lado, Gehrig é quase injustamente famoso por sua sequência de rebatidas, que ofusca as estatísticas acumuladas ao longo de sua trajetória. Sua média de rebatidas era de inacreditáveis .340, que superou quando mais importava, atingindo .361 nas pós-temporadas (em duas World Series, *ele rebateu mais de .500*). Gehrig somou 495 *home runs*, incluindo 23 *grand slams*, recorde que durou mais de sete décadas. Em 1934, tornou-se o terceiro jogador a vencer a Tríplice Coroa da liga principal de beisebol, liderando a liga em média de rebatidas, *home runs* e corridas impulsionadas. É o sexto jogador de todos os tempos, com 1.995 corridas impulsionadas, o que o torna um dos melhores companheiros de equipe da história do beisebol. Foi duas vezes considerado o jogador mais valioso, sete vezes All-Star, seis vezes campeão da World Series, membro do Hall da Fama e o primeiro cujo número foi aposentado.

Embora a sequência ininterrupta tenha começado para valer em junho de 1925, quando Gehrig substituiu Wally Pipp, uma lenda dos Yankees, sua resistência hercúlea podia ser percebida desde a juventude. Filho de imigrantes alemães nascido na Nova York de 1903, Gehrig foi o único de quatro filhos a sobreviver à infância. Veio ao mundo com incríveis 6,3 quilos, e a comida alemã da mãe parece ter continuado a engordá-lo a partir daí. A determinação do garoto foi testada pela primeira vez pela provocação das crianças da escola, que o levou a procurar a *turnverein* do pai, um clube de ginástica alemão onde Gehrig começou a desenvolver sua robusta parte inferior do corpo, o que, mais tarde, permitiu tantas corridas. Visto que lhe faltava coordenação natural, um amigo de infância brincou certa vez que o corpo de Gehrig se mexia "como se ele estivesse bêbado".

Ele não nasceu atleta. Ele se fez atleta.

A vida de imigrante pobre não era fácil. O pai de Gehrig bebia e era um pouco vagabundo. É mais do que irônico ler sobre suas desculpas incessantes e as faltas ao trabalho por doença. Esse exemplo envergonhava Gehrig e o inspirou a encarar a confiabilidade e a resistência como ativos inegociáveis (em uma espécie de prenúncio, ele nunca perdeu um dia de aula). Felizmente, sua mãe não apenas o adorava, como dava um exemplo incrível de ética de trabalho, silenciosa e incansável — era cozinheira, lavadeira, padeira e faxineira, na esperança de dar ao filho a oportunidade de uma vida melhor.

Mas a pobreza sempre esteve presente. Um colega lembrou que "ninguém que estudou com Lou se esquece dos dias frios de inverno em que ele ia para a escola vestindo camisa cáqui, calças cáqui e sapatos marrons pesados, mas sem sobretudo nem chapéu". Ele era um menino pobre, um destino que ninguém escolheria, mas aquilo o moldou.

Dizem que o filósofo estoico Cleantes, enquanto caminhava por Atenas em um dia frio, teve sua capa fina aberta por uma rajada de vento. Os observadores ficaram surpresos ao descobrir que, apesar das temperaturas baixas, ele vestia pouco mais sob a capa. Começaram a aplaudir sua resistência. Assim acontecia com Gehrig, que, mesmo que o salário dos Yankees o tornasse um dos atletas mais bem pagos dos Estados Unidos, raramente era visto de chapéu ou mesmo de colete nos invernos de Nova York. Só mais tarde, quando se casou com uma mulher bondosa e amorosa, ela o convenceu a usar um casaco... por ela.

A maioria das crianças gosta de praticar esportes. Lou Gehrig viu no jogo uma vocação. O beisebol era uma profissão que exigia controle e cuidado com o corpo, que podia ser tanto um obstáculo quanto um veículo para o sucesso.

Gehrig se dedicou a ambos.

Trabalhou mais do que qualquer outro. "A boa forma era quase uma religião para ele", disse um companheiro de equipe. "Sou um escravo do beisebol", afirmava Gehrig. Um escravo voluntário, um escravo que amava o trabalho e sentia-se sempre grato pela oportunidade de jogar.

Esse tipo de dedicação paga dividendos. Quando Gehrig estava em campo, entrava em comunhão com o divino. Ficava parado, tranquilo, vestindo um uniforme pesado de lã com que nenhum jogador de hoje conseguiria jogar. Ajustava o peso entre os pés até encontrar a posição certa. No momento em que rebatia um arremesso, suas pernas enormes faziam o trabalho ao mandar a bola do taco para o outro lado, fora do estádio.

Alguns rebatedores têm um ponto ideal. Gehrig conseguia acertar em qualquer lugar, de qualquer ponto. E, quando acertava, ele *corria*. Para um cara que era provocado por ter "pernas de piano", mais roliças, é bastante notável que tenha roubado a base principal mais de doze vezes ao longo da carreira. Ele não era apenas força. Era velocidade também. Movimento. Sofisticação.

Havia jogadores com mais talento, personalidade, brilho; apesar disso, ninguém trabalhou mais que ele, ninguém se importava mais com o condicionamento nem amava mais o jogo.

Quando amamos o trabalho, não burlamos nem desconsideramos suas exigências. Respeitamos até os aspectos mais triviais do processo. Gehrig nunca atirou o taco, nem sequer o girou no ar. Uma das únicas vezes em que teve problemas com a gestão do seu time foi quando descobriram que estava jogando *stickball* nas ruas de seu antigo bairro com crianças locais, às vezes até depois de jogos dos Yankees. Gehrig simplesmente não conseguia resistir à oportunidade de jogar...

Ainda assim, deve ter havido muitos dias em que não queria jogar. Em que queria desistir. Em que duvidou de si mesmo. Em que sentia que mal conseguiria se mexer. Em que ficou frustrado e cansado dos próprios padrões elevados. Gehrig não era sobre-humano. Pensava o mesmo que todos nós. Mas cultivou a força — que transformou em um hábito — de não dar ouvidos a esses pensamentos. Porque, depois que começamos a ceder, acabamos cedendo cada vez mais...

"Sinto vontade de jogar", disse. "O beisebol exige um trabalho árduo, e a pressão é tremenda. É prazeroso, mas é difícil." Você pode pensar que todo mundo tem vontade de jogar, mas isso não é verdade. Há quem sobreviva com talento natural, na esperança de nunca ser testado. Outros são dedicados *até certo ponto*, mas desistem se ficar muito difícil. Aconteceu na época e acontece hoje, mesmo no nível dos atletas de elite. Um treinador de Gehrig descreveu isso como uma "era de álibis": todos tinham uma desculpa pronta. Sempre havia uma razão por que não podiam dar o melhor de si, por que não precisavam se manter na linha, e apareciam no campo mal preparados.

Quando era novato, Joe DiMaggio perguntou a Gehrig quem ele achava que seria o lançador do time adversário, talvez na esperança de ouvir que seria alguém fácil de rebater. A resposta foi: "Nunca se preocupe com isso, Joe. Basta lembrar que eles sempre guardam o melhor para os Yankees." Assim, Gehrig esperava que todos os membros dos Yankees também levassem o melhor de si para o campo. Este era o acordo: a quem se dá muito, muito se espera. A obrigação de um campeão é agir como um campeão... e trabalhar duro como alguém que tem algo a provar.

Gehrig não bebia. Não era mulherengo, não corria atrás de fortes emoções nem dirigia carros velozes. Costumava dizer que não era "festeiro". Ao mesmo tempo, deixava claro: "Não sou pregador e não sou santo." Seu biógrafo, Paul Gallico, que cresceu na cidade de Nova York poucos anos antes de Gehrig, escreveu que sua "vida limpa não se devia à presunção e ao puritanismo, nem a um desejo de santificação pessoal. Ele tinha uma ambição obstinada e agressiva. Queria algo. Escolheu o caminho mais sensato e eficiente para obter o que desejava".

Não cuidamos do corpo porque abusar dele seja pecado, mas porque, se abusarmos do templo, insultamos nossas chances de sucesso tanto quanto a qualquer deus. Gehrig estava sempre disposto a admitir que sua disciplina significava perder alguns prazeres. Também sabia que aqueles que vivem uma vida rápida e fácil também perdem algo: falham em atingir plenamente o próprio potencial. Disciplina não é privação... Ela traz recompensas.

Ainda assim, Gehrig poderia muito bem ter seguido um caminho diferente. Em meio a uma queda, no início da carreira, quando jogava nas ligas menores, Gehrig saiu uma noite com alguns companheiros de equipe e ficou tão bêbado que, no dia seguinte, ainda estava zonzo no primeiro arremesso. De alguma forma, não apenas conseguiu jogar, como teve um desempenho melhor do que apresentara nos meses anteriores. Descobriu, como que por milagre, que o nervosismo e a preocupação desapareciam com alguns goles entre as entradas.

Um treinador experiente percebeu e chamou Gehrig para conversar. Já tinha visto aquilo antes. Conhecia os benefícios do atalho a curto prazo. Compreendia a necessidade de liberdade e de prazer também. Mas explicou os custos a longo prazo e o futuro que Gehrig poderia esperar se não desenvolvesse mecanismos mais sustentáveis para enfrentar a situação. Foi assim que o hábito teve fim, "não por quaisquer noções puritanas de retidão de que era mau ou errado beber, mas porque ele tinha a ambição implacável de se tornar um jogador de beisebol grande e bem-sucedido. Tudo que interferisse nessa ambição era como veneno para ele".

Para Gehrig, ser um jogador de beisebol, ser um Yankee, ser um norte-americano de primeira geração e alguém admirado pelas crianças era importante.

Ele continuou morando com os pais durante suas primeiras dez temporadas, e com frequência pegava o metrô para o estádio. Sua situação financeira era mais do que confortável, e, mais tarde, o jogador comprou uma casinha em New Rochelle. Para Gehrig, o dinheiro era, na melhor das hipóteses, uma ferramenta, e, na pior, uma tentação. Enquanto os Yankees dominavam o jogo, o time foi presenteado com um banco de reservas renovado e assentos acolchoados para substituir o antigo banco espartano. Gehrig foi flagrado pelo gerente da equipe arrancando parte do assento.

"Cansei de sentar em almofadas", disse ele sobre a vida luxuosa de um atleta no auge. "Almofadas no carro, almofadas em casa... Todo lugar que eu vou tem almofadas."

Ele sabia que se sentir confortável era o inimigo, e que o sucesso é uma série interminável de convites para ficar confortável. É fácil ser disciplinado quando não se tem nada. Mas e quando se tem tudo? E quando você é tão talentoso que pode se safar de não dar tudo de si?

O segredo de Lou Gehrig é que ele *escolheu* estar no controle. Não foi uma disciplina imposta pela equipe ou por alguém de cima. Sua temperança era uma força interior que emanava do fundo de sua alma. Ele a escolheu, apesar dos sacrifícios, apesar de outros se permitirem renunciar a tal penitência e ainda assim se safarem. Apesar do fato de que, em geral, isso não era reconhecido, pelo menos não até muito depois que ele tivesse falecido.

Você sabia que, logo após um dos *home runs* mais lendários de Babe Ruth, Lou Gehrig acertou um também? Sem nenhum gesto teatral. Na verdade, foi o *segundo home run* seu no jogo. Sabia que eles têm o mesmo número de títulos de rebatidas da liga? E que Ruth errou quase duas vezes mais do que Gehrig? Lou não apenas mantinha o corpo sob controle de uma forma que Ruth não fazia (por um período, Ruth chegou a pesar quase 110 quilos), mas também controlava o ego. Conforme escreveu um repórter, ele era "impecável, sem o mais remoto vestígio de ego, vaidade ou presunção". A equipe sempre vinha em primeiro lugar. Antes mesmo da própria saúde. As manchetes que fossem para quem as quisessem.

Ele poderia ter feito diferente? Sim, mas, por outro lado, não. Nunca teria se permitido.

Certa vez, até mesmo seu treinador reclamou, em tom de brincadeira: "Se todos os jogadores fossem como Gehrig, não haveria trabalho para nós nos clubes." Gehrig fazia sua própria preparação, cuidava do próprio treinamento — também fora da temporada, de modo diligente— e raramente precisava de massagens ou reabilitação. A única coisa que pedia à equipe era que um pacote de chicletes fosse colocado em seu armário antes de um jogo. Dois, se fosse um dia com dois jogos. Gehrig encarava a fama com leveza, observou uma testemunha, mas levava suas obrigações a sério.

No entanto, esporte é mais do que músculos e talento. Ninguém disputa tantos jogos seguidos sem ser muito durão. Um arremesso ruim da terceira base forçou Gehrig a agarrar a bola na terra, fazendo com que enfiasse o polegar no chão. No banco de reservas, seu companheiro de equipe pensou que ele sairia xingando, mas Gehrig disse apenas: "Acho que quebrou." "Ninguém ouviu um pio de Lou", o companheiro de equipe contou, espantado. "Nenhuma reclamação sobre meu arremesso podre e o que minha falha fez com o polegar dele." Como esperado, ele estava de volta à escalação no dia seguinte.

"Acho que a sequência de rebatidas acabou", brincou um adversário depois de deixar Gehrig inconsciente com um arremesso, em junho de 1934. Por cinco minutos terríveis, ele permaneceu imóvel, como morto. A morte era uma possibilidade real na época, antes do uso de capacetes. Ele foi levado às pressas para o hospital, e a maioria das pessoas esperava que ficasse fora por duas semanas, mesmo que a radiografia tenha dado negativo para uma fratura no crânio. Mais uma vez, Gehrig estava de volta à área do rebatedor no dia seguinte.

Ainda assim, esperava-se uma hesitação, um vacilo quando a próxima bola viesse em sua direção. É por esse motivo que arremessadores jogam uma bola contra os batedores de vez em quando, é uma estratégia para os tornar cautelosos. O instinto de autopreservação do batedor o faz recuar em um jogo no qual um milímetro pode fazer toda diferença. Em vez disso, Gehrig se inclinou... e acertou um triplo. Algumas entradas depois, acertou outro. Antes que o jogo acabasse, o terceiro... enquanto se recuperava de um golpe quase fatal na cabeça. "Uma coisa dessas não pode nos parar", foi seu único comentário pós-jogo.

O que inspira uma pessoa a se esforçar tanto? Às vezes, é apenas lembrar ao corpo quem está no comando. "Eu precisava provar meu valor naquela hora mesmo. Queria ter certeza de que aquela pancada forte na minha cabeça não me deixaria com medo da base", explicou.

Gehrig pode não ter buscado a santificação pessoal, mas a alcançou. "Não havia um homem melhor sobre a Terra", observou um dos companheiros de equipe. "Ele não bebia, não mascava e não fumava. Estava na cama às nove e meia ou dez horas todas as noites." Hábitos perfeitamente alcançáveis, mas que lhe rendiam um respeito inacreditável. Por quê? "Quando um homem é capaz de controlar sua vida, suas necessidades físicas e seu eu inferior, ele se eleva", diria Muhammad Ali mais tarde.

Há uma história antiga sobre o primeiro jogo de Gehrig com os Yankees, quando começou sua sequência ininterrupta. Pelo que dizem, ele também foi atingido por uma bola naquele dia. "Quer que a gente tire você?", perguntou o treinador. "De jeito nenhum", dizem que Gehrig exclamou. "Levei três anos para chegar a este jogo. Vai ser preciso mais do que uma pancada na cabeça para me tirar daqui."

Por fim, dezessete anos depois, algo o tirou do campo, algo muito mais sério do que um arremesso desgovernado. Para alguém acostumado havia tanto tempo a estar no controle, deve ter sido desconcertante para Gehrig quando seu corpo parou de responder como sempre. De forma lenta, porém visível, sua rebatida não era mais tão rápida. Ele tinha dificuldade para colocar a luva. Caiu enquanto vestia uma calça. Arrastava os pés quando andava. No entanto, sua força de vontade o mantinha firme de tal modo que poucos suspeitavam que havia algo de errado. Por um tempo, ele enganou até a si mesmo.

Apenas uma amostra da programação de Gehrig em agosto de 1938: os Yankees jogaram 36 partidas em 35 dias. Dez jogos foram duplos; houve um período de cinco dias consecutivos com dois jogos por dia. Ele viajou para cinco cidades e percorreu milhares de quilômetros de trem. Atingiu .329 com nove *home runs* e realizou 38 corridas impulsionadas.

Só o fato de um atleta na casa dos trinta anos realizar tanto sem faltar a um jogo nem perder uma entrada é impressionante. Mas Lou Gehrig conseguiu isso enquanto os estágios iniciais de uma esclerose lateral amiotrófica (ELA) devastavam seu corpo, diminuíam suas habilidades motoras e enfraqueciam seus músculos, provocando cãibras nas mãos e nos pés.

Levou quase uma temporada adicional inteira para que o corpo de Gehrig cedesse por completo. A sequência ininterrupta havia ganhado vida própria e continuava avançando à medida que Gehrig destruía em rebatidas e corridas, apesar de erros ocasionais mas incomuns em campo.

Porém, um homem que conhece seu corpo, mesmo quando se força a ir além de suas limitações, precisa saber quando parar.

Em maio de 1939, ele disse ao treinador dos Yankees: "Joe, eu sempre falei que, quando sentisse que não poderia mais ajudar o time, eu mesmo me retiraria da escalação. Acho que chegou a hora."

"Quando você quer sair, Lou?", respondeu McCarthy. *Sair*. Essa palavra horrível doeu. O treinador, ainda pensando que estavam falando sobre um futuro distante, esperava que tivessem mais tempo juntos. Mas o corpo de Gehrig estava cansado demais. "Agora", respondeu Gehrig sem hesitar. "Escale Babe Dahlgren."

O que havia mudado? Depois de semanas de um jogo inconsistente, Gehrig pegou uma bola rasa e fez uma saída sólida. Era uma jogada que fizera milhares de vezes ao longo da carreira. Mas seus companheiros a comemoraram como se fosse um de seus *home runs* vencedores. Naquele momento, ele soube. Estava impedindo o time de alcançar todo o seu potencial. Estava mentindo para si mesmo.

Churchill exortou os meninos da Harrow School com as seguintes palavras: "Nunca desistam, nunca se entreguem, nunca, nunca, nunca... em nada, grande ou pequeno, honroso ou mesquinho... Nunca se rendam à força; nunca se rendam ao poder do inimigo, por mais avassalador que pareça." Durante toda a sua vida, Gehrig resistiu dessa maneira. A pobreza não o deteve, nem lesões e a chance remota de chegar ao nível profissional. Havia superado as tentações e se recusado a ceder à complacência ou mesmo ao cansaço. No entanto, deparara com uma das duas exceções que Churchill estabeleceria: "Nunca se renda, exceto por convicções de honra ou por bom senso". Naquele momento, no final da estrada, tudo o que Gehrig podia fazer era sair com a mesma postura e o mesmo controle com os quais jogava.

A sequência que começara na década inebriante dos Loucos Anos 1920, e que havia continuado durante a Grande Depressão e atingido o pico com a World Series de 1938 terminou de forma tão pouco auspiciosa quanto começou. Um novo jogador teria sua chance de ficar na primeira base. Foi uma surpresa para Dahlgren, o substituto. Assumiria uma enorme responsabilidade. "Boa sorte", foi tudo o que Gehrig conseguiu dizer.

Quando os alto-falantes anunciaram a escalação inicial para cerca de 12 mil pessoas em Detroit, o locutor ficou igualmente atônito. Pela primeira vez em 2.130 jogos, o nome de Gehrig não era mencionado. Ainda assim, ele não se conteve: "Que tal uma salva de palmas para Lou Gehrig, que jogou 2.130 jogos seguidos antes de colocar a si mesmo no banco hoje?" A multidão, que incluía um amigo de Gehrig que estava na cidade a negócios — o grande Wally Pipp, a quem o jogador havia substituído pela primeira vez catorze anos antes — teve dificuldade para registrar o que aquilo significava. Então, o público irrompeu em aplausos prolongados.

Gehrig acenou e se retirou para o banco. Os companheiros de equipe assistiram em silêncio enquanto o Cavalo de Ferro irrompia em lágrimas.

Você precisa dar seu melhor enquanto ainda tem a chance. A vida é curta. Nunca se sabe quando seremos tirados do jogo, quando o corpo cederá. Não o desperdice.

Em 4 de julho de 1939, Gehrig entrou no estádio Yankee pela última vez de uniforme. Sem os músculos que o tinham servido por tanto tempo, tudo que restava era o homem em si, sua coragem e seu autocontrole. No entanto, em outro sentido, era a mesma velha e habitual batalha contra o corpo: a luta contra a fadiga, a luta para se esforçar. Tentou se esquivar de falar, mas a multidão gritou: "Discurso! Discurso!" Esforçando-se para se conter, as palavras que diria provariam o ponto de Ali: quando dominamos o eu inferior, elevamo-nos a um plano superior. "Nas últimas duas semanas, vocês vêm lendo que estou passando por uma maré de azar", disse ele, tentando manter a postura. "No entanto, hoje me considero o homem mais sortudo da face da Terra."

Mas essa sorte acabaria, como acontece com todos nós.

"A morte chegou para o antigo 'Cavalo de Ferro' às 10h10", noticiou o *New York Times*, em 1941. "O livro de recordes está repleto de seus feitos no campo." No entanto, não é o que se escreveu sobre ele nos livros de recordes ou em outros lugares que realmente compreende seu legado.

O funeral durou apenas oito minutos. Ao olhar para os amigos e companheiros de equipe de Lou, o padre achou desnecessário um discurso elaborado. "Não precisamos de nada", disse o pregador, "porque todos o conheciam." Nenhuma homenagem era necessária. A vida e o exemplo de Lou Gehrig falavam por si.

Como ele, cada um de nós está em uma batalha com nossa forma física. Primeiro, para dominá-la e atingir seu pleno potencial. Depois, à medida que envelhecemos ou adoecemos, para deter seu declínio — para, literalmente, extrair um pouco mais de vida dele enquanto podemos. O corpo é uma metáfora. É um campo de treinamento, uma área de provas para a mente e a alma.

O que você está disposto a suportar?

A que pode renunciar?

A que vai se submeter?

O que você pode produzir com ele?

Você diz que ama o que faz. Onde está a prova? Que tipo de conquistas tem para mostrar?

A maioria de nós não tem milhões de fãs para nos olhar. Nem milhões de dólares como incentivo. Não temos um treinador monitorando o progresso diário. Nossa profissão não envolve um peso mínimo para lutar. Na verdade, isso torna nosso trabalho, nossa vida, mais difícil, uma vez que precisamos ser nossos próprios treinadores, nossos próprios mestres. Somos responsáveis por nosso próprio condicionamento. Precisamos monitorar nossa ingestão, decidir nossos padrões.

Bom.

Os que se dedicam de verdade são mais duros consigo mesmos do que qualquer pessoa de fora poderia ser. "Temperança" não é uma palavra particularmente atraente e está longe de ser um conceito divertido, mas pode levar à grandeza.

Temperança, como uma espada temperada. Simplicidade e modéstia. Fortaleza e autocontrole em tudo, exceto em nossa determinação e tenacidade.

Devemos isso a nós mesmos, aos nossos objetivos e ao jogo para continuar. Para seguirmos pressionando nossos limites. Para nos mantermos puros. Para sermos fortes.

Para dominar o corpo antes que ele nos domine.

COMECE AO AMANHECER

~

Toni Morrison acordava cedo para escrever, sempre cedo. No escuro, movia-se em silêncio enquanto preparava a primeira xícara de café. Sentava-se à escrivaninha do pequeno apartamento e, à medida que sua mente desanuviava, o sol nascia e a luz enchia o quarto, ela escrevia. Por *anos*, praticando esse ritual secular usado não apenas por escritores, mas por inúmeras pessoas responsáveis e motivadas ao longo da história.

"Todos os escritores inventam maneiras de se aproximar desse lugar onde esperam fazer o contato", refletiria mais tarde, "onde se tornam o canal ou se inserem nesse processo misterioso. Para mim, luz é o sinal da transição. Não é sobre estar *na* luz, e, sim, sobre estar presente *antes que ela chegue*. De alguma forma, isso me inspira."

Mas era algo tão prático quanto espiritual. Porque, no início da carreira, Morrison também era mãe solo de dois meninos e trabalhava. Seu cargo como editora na Random House ocupava quase todas as horas de seu dia, e os filhos, o que restava do tempo. No fim, da noite, ela estava esgotada, cansada demais para pensar. Para ser escritora, usava as preciosas primeiras horas da manhã, entre a despedida da escuridão e o despertar da aurora, antes que os filhos a chamassem, antes que a pilha de manuscritos do trabalho exigisse sua atenção, antes do trajeto para a editora, antes dos telefonemas, antes dos boletos, antes da louça que precisava ser lavada.

Ao amanhecer, era livre. Ao amanhecer, sentia-se confiante, lúcida e cheia de energia. Ao amanhecer, as obrigações da vida existiam apenas em teoria, e não de fato. Tudo que importava, tudo em que pensava, era a história, a inspiração e a arte.

Em 1965, iniciava seu primeiro romance, recém-divorciada, aos 34 anos e lutando como uma das poucas mulheres negras em um setor majoritariamente masculino e branco. No entanto, para ela, aquele era "o auge da vida". Morrison não era mais uma criança e, apesar de todas as responsabilidades, a realidade era muito simples: seus filhos precisavam que ela fosse adulta. Assim como seu romance inacabado.

Acordar.

Sair para o mundo.

Estar presente.

Dar tudo o que se tem.

Foi o que ela fez. Mesmo depois que *O olho mais azul* foi publicado em 1970 e recebeu ótimas críticas. Depois disso, vieram mais dez romances, nove obras de não ficção, cinco livros infantis, duas peças de teatro e muitos contos. Morrison ganhou um National Book Award, o Prêmio Nobel de literatura e uma medalha presidencial. No entanto, apesar de todos os aplausos, deve ter ficado muito orgulhosa de ter conquistado tanto *sem abrir mão* de ser uma ótima mãe, uma ótima mãe *trabalhadora*.

Sabemos que não é muito divertido acordar cedo. Mesmo pessoas que desfrutaram a vida toda dos benefícios dessa prática ainda têm dificuldade. Você acha que não é uma pessoa matutina? *Ninguém é uma pessoa matutina.**

Mas, pelo menos pela manhã, somos livres. Hemingway falava sobre como acordava cedo porque "não há ninguém para me incomodar, e está fresco ou frio e você começa a trabalhar e se aquece enquanto escreve". Morrison descobriu que era mais confiante pela manhã, antes que o dia cobrasse seu preço e a mente se esgotasse. Como a maioria de nós, percebeu que não era "muito inteligente, espirituosa ou inventiva" depois que o sol se punha.

---

* Embora acordar cedo talvez não seja para todos... podemos afirmar que é *quase* para todos.

E quem consegue ser? Depois de um dia de conversas banais, frustrações, erros e exaustão.

Não tem a ver apenas com ser inteligente. Há um motivo para os CEOs irem para a academia cedo: ainda têm força de vontade nesse horário. Há um motivo para lermos e pensarmos pela manhã: sabemos que podemos não ter tempo mais tarde. Há um motivo para os treinadores chegarem aos centros de treinamento antes de todo mundo: tentar uma oportunidade de obter uma vantagem competitiva.

Levante-se e entre em ação.

Enquanto está descansado. Enquanto pode. Aproveite os momentos antes do amanhecer. Aproveite os momentos antes do trânsito. Aproveite-os quando ninguém está olhando, quando todos ainda estão dormindo.

Em *Meditações*, Marco Aurélio, o homem mais poderoso do mundo, tenta se convencer a sair da cama ao amanhecer quando seu eu inferior quer desesperadamente ficar. "Foi para *isto* que nasci?", pergunta-se em meio à relutância. "Para me aconchegar sob as cobertas e ficar aquecido?"

É verdade, a vida é melhor sob as cobertas. Mas foi para isso que nascemos? Para nos sentirmos bem? É assim que você vai gastar o dom da vida, o dom do momento presente que nunca mais voltará a ter? "Você não vê as plantas, os pássaros, as formigas, as aranhas e as abelhas realizando suas tarefas individuais, colocando o mundo em ordem da melhor maneira possível?", perguntou ele a si mesmo, mas também a nós. "E você? Não está disposto a fazer seu trabalho como ser humano? Por que não está a postos para fazer o que sua natureza exige?"

No entanto, aqui estamos nós, milhares de anos depois, ainda apertando o botão soneca do despertador. Aqui estamos nós, desperdiçando as horas mais produtivas do dia, rejeitando esses momentos que vêm antes das interrupções, antes das distrações, antes que o restante do mundo também se levante e entre em ação. Deixamos passar a oportunidade de colher nosso potencial de florescimento enquanto o dia está mais fresco, ainda brilhando com o orvalho da manhã.

"Acredito que Cristo recomendou se levantar cedo pela manhã ao se levantar muito cedo do túmulo", observou o teólogo Jonathan Edwards na década de 1720. É por isso que as manhãs tranquilas parecem tão sagradas? Talvez entremos em contato com as tradições de nossos ancestrais, que também se levantavam cedo para rezar, cultivar, buscar água no rio ou no poço e viajar pelo deserto antes que o sol esquentasse demais.

Quando tiver dificuldade para acordar, quando for muito difícil, lembre-se dos que vieram antes de você, lembre-se da tradição, lembre-se do que está em jogo. Pense, como Morrison fez, na avó, que teve mais filhos e uma vida ainda mais difícil. Pense na própria Morrison, que com certeza não teve uma vida fácil e, ainda assim, acordava cedo.

Pense na sorte que você tem. Alegre-se por estar acordado (porque é melhor do que a alternativa, que um dia todos encontraremos). Sinta a alegria de poder fazer o que ama.

Valorize o tempo. Mas, acima de tudo, *use-o*.

A VIDA EXTENUANTE É A MELHOR

~

O rei George IV era um notório glutão. Seu café da manhã consistia em dois pombos, três bifes, uma garrafa quase inteira de vinho e um copo de conhaque. Com o tempo, engordou tanto que não conseguia mais dormir deitado, ou o peso do próprio peito poderia asfixiá-lo. Tinha problemas para assinar documentos — acabou ordenando que seus serviçais confeccionassem um carimbo com sua assinatura para poupá-lo até desse esforço básico. Ainda assim, conseguiu gerar vários filhos ilegítimos enquanto negligenciava de forma generalizada suas funções enquanto rei.

Ele era o tipo de pessoa que, pelo jeito, acreditava que era imune aos problemas de saúde e da humanidade. Que seu corpo conseguiria e iria suportar abusos ilimitados sem consequências. De fato, quando anos de maus hábitos e letargia por fim o atingiram às 3h30 de uma manhã no verão de 1830, suas últimas palavras foram: "Bom Deus, o que é isso?"

Então percebeu.

"Meu garoto", disse, enquanto segurava a mão de um pajem, "é a morte."

Era como se ele estivesse surpreso ao descobrir ser mortal... e que havia consequências em tratar o corpo como uma lata de lixo por quatro décadas.

Alguém já bebeu ou comeu até se empanturrar e, com isso, alcançou a felicidade?

Não.

Mas será que hábitos assim garantem uma morte precoce? Infelicidade? Arrependimento?

Pode apostar que sim.

Dê uma olhada na dieta de Babe Ruth na época em que jogava ao lado de Lou Gehrig. O café da manhã era meio litro de uísque misturado com ginger ale, depois bife, quatro ovos, batatas fritas e um bule de café. Para o lanche da tarde, quatro cachorros-quentes, cada um deles acompanhado de uma garrafa de Coca-Cola. Ele jantava duas vezes, uma cedo e outra mais tarde: duas bistecas, dois pés de alface encharcados com molho de gorgonzola, dois pratos cheios de batatas fritas e duas tortas de maçã. Ah, e entre esses dois jantares, comia mais quatro cachorros-quentes com quatro garrafas de Coca-Cola.

Tudo o que precisa ser dito é que, um dia, Ruth foi levado às pressas para o hospital por *beber refrigerante e comer cachorros-quentes demais*.

Era gostoso na hora, mas amargo a longo prazo.

"Ouça, Lou", disse Babe certa vez a Gehrig. "Não seja idiota. Mantenha-se em forma. Não se deixe esmorecer. Cometi muitos erros. Não comia direito e não vivia direito. Mais tarde, precisei pagar por todos esses erros. Não quero que aconteça o mesmo com você."

Por mais inspiradoras que sejam, as façanhas atléticas de Babe Ruth carregam consigo um toque de tristeza. O que ele poderia ter realizado se tivesse sido mais disciplinado? Que grandeza deixou como legado? Porque, sim, até os grandes poderiam ter sido maiores.

O prazer do excesso é sempre passageiro. É por isso que a autodisciplina não é uma rejeição do prazer, mas uma forma de abraçá-lo. Tratar bem o corpo, calibrar nossos desejos, trabalhar arduamente, fazer exercícios, movimentar-se, nada disso é um castigo. Trata-se simplesmente do trabalho cuja recompensa é o prazer.

Vamos comparar o rei George a outro chefe de Estado, o presidente Theodore Roosevelt. Se alguém tinha uma desculpa para uma existência sedentária, era Teddy. Nasceu fraco e vulnerável.

Seus interesses eram acadêmicos. A única coisa pior do que seus olhos míopes eram os pulmões, que pareciam se rebelar ao menor sinal de estresse.

"Não me repreenda, ou minha asma atacará", disse ele ao pai certa vez.

E, em muitas noites, era o que acontecia. Ataques incapacitantes e aterrorizantes que quase o mataram.

Mas, graças ao incentivo paciente do pai, Teddy começou a se exercitar. Começou em um ginásio que ficava no fim na rua, depois fez alguns exercícios na varanda na casa da família. Mais tarde, em Harvard, não apenas remodelou seu corpo como sua vida, e, de certa forma, o mundo. *A vida extenuante*, ele chamaria, uma vida de ação e atividade, mas, acima de tudo, de exercício.

Caminhada. Remo. Boxe. Luta livre. Escalada. Caça. Cavalgada. Futebol americano. Roosevelt praticou de tudo. Eram raros os dias em que não se exercitava de modo ativo, praticava esportes ou saía ao ar livre. Mesmo quando se tornou presidente, era ativo o suficiente para envergonhar pessoas muito mais jovens. "Durante o tempo que morei na Casa Branca, sempre tentei praticar algumas horas de exercícios à tarde", escreveu Roosevelt.

Algumas horas por dia! E era presidente!

Quem você acha que se sentia melhor quando acordava de manhã? Rei George, o preguiçoso cuja vida girava em torno do prazer, ou Theodore Roosevelt, que, embora às vezes dolorido, escolhera a "vida extenuante" e jogava tênis ou nadava em Rock Creek ou no Potomac? Mesmo quando se lesionava (chegou a perder a visão de um olho devido a um incidente de boxe durante o mandato), divertia-se muito!

O que você acha que Teddy teria pensado de nossas vidas digitais sedentárias? Ou da desculpa de que estamos ocupados ou cansados demais?

Fomos feitos para mais do que simplesmente existir. Estamos aqui para mais do que apenas ficar relaxados e buscar prazer. Recebemos dons incríveis da natureza. Somos predadores alfa, produtos de elite de milhões de anos de evolução. Como você usará essa recompensa? Deixando seus ativos atrofiarem?

Não é apenas uma escolha pessoal. Afeta a todos nós.

Quase metade dos jovens norte-americanos são inelegíveis para ingressar nas Forças Armadas dos Estados Unidos por motivos de saúde ou condicionamento físico. Intemperança não é brincadeira. Gula não é bom. Não se trata apenas de uma questão existencial, mas da segurança nacional.

Se nosso objetivo é a grandeza, se queremos ser membros produtivos e corajosos da sociedade, precisamos cuidar de nossos corpos. Não apenas na academia, mas na cozinha. Manter uma dieta saudável e não abusar de drogas nem de bebidas constituem grande parte do trabalho pesado. Você é um carro de corrida sofisticado. Use um combustível adequado.

"É evidente que o corpo do filósofo deve estar preparado para a atividade física", explicou o estoico Musônio Rufo, "pois, muitas vezes, as virtudes o usam como instrumento necessário para os assuntos da vida. Usamos o treinamento comum a ambos [alma e corpo] quando nos disciplinamos em relação ao frio, ao calor, à sede, à fome, ao alimento escasso, às camas duras, à abstinência de prazeres e à paciência em circunstâncias de sofrimento. Pois é por essas provações que o corpo é fortalecido e torna-se capaz de suportar as adversidades, estudar e estar sempre pronto para qualquer tarefa".

A vida é repleta de todo tipo de dificuldades e desafios. O trabalho nem sempre correrá bem. Mas praticar exercícios? Isso está sob nosso controle. É um espaço delimitado em que os únicos obstáculos potenciais são nossa determinação e nosso empenho.

Nadar. Levantar pesos. Treinar jiu-jítsu. Fazer longas caminhadas. Você pode escolher os meios, mas o método é um só: mantenha-se ativo. Obtenha sua vitória diária. Trate o corpo com rigor, como nos exorta Sêneca, para que ele não desobedeça à mente. Porque, enquanto você fortalece os músculos, o mesmo ocorre com sua força de vontade. Mais importante ainda: você desenvolve essa força de vontade e o vigor enquanto a maioria das pessoas, não.

Você não acha que houve momentos durante a Greve do Carvão de 1902 em que Teddy Roosevelt se cansou? Não acha que foi exaustivo lutar contra os trustes, seus advogados e seus agentes na imprensa? Consegue imaginar como ele se sentiu quando a bala daquele assassino perfurou seu peito momentos antes de um discurso?

Sim, ele quis desistir. Sim, sabia que estava chegando ao limite. Sim, sabia que *poderia* fazer menos, que outros líderes sem dúvida se sentiram obrigados a fazer menos. Mas nunca o teria aceitado.

Ele continuava. Era experiente em não se dar por vencido. Sabia que aquela vozinha em sua cabeça, a voz do cansaço e da fraqueza, nem sempre precisava ser atendida.

Havia treinado para isso.

Sabia do que era capaz.

Criara seu corpo, e, por isso, ele o obedecia.

PARE DE SER UM ESCRAVO

Havia desembarcado na Normandia.
Havia derrotado os nazistas e ocupado a Alemanha.
Havia publicado suas memórias e ganhado uma fortuna.
Em 1949, faltava apenas conquistar a si mesmo.
Então, depois de uma vida inteira batalhando, uma existência de batalhas contra os desejos, Dwight Eisenhower deu a si mesmo a ordem.

Pare de fumar.

Foi assim que começou o combate contra um hábito que já durava trinta e oito anos. Se levarmos em conta toda a sua vida, esse número pode parecer pouco, mas todo viciado sabe que às vezes é mais difícil vencer um demônio interior do que qualquer inimigo externo. "Poucas figuras da vida pública tiveram a força de vontade de Dwight D. Eisenhower", escreveu o biógrafo Jean Edward Smith. "Fumante vitalício de três a quatro maços de cigarros por dia, ele parou de repente... e nunca mais tocou em um cigarro."

"A única maneira de parar é parar", disse a um assessor, "e eu parei". Ninguém "o obrigou" — ninguém poderia —, mas ele pensou que era seu dever impor isso a si mesmo. Largar o hábito acrescentaria anos à sua vida. Ao proteger e dominar o próprio corpo, ele permitiu a si mesmo estar a serviço do mundo, primeiro ao liderar a Organização do Tratado do Atlântico Norte (Otan) e, depois, ao assumir a presidência dos Estados Unidos em um período tenso e complicado.

Mas e você?
No que é viciado? O que tem dificuldade de largar?

Em uma tarde comum de 1949, o mesmo ano em que Eisenhower parou de fumar, o físico Richard Feynman estava fazendo suas tarefas quando sentiu vontade de beber. Não era um desejo intenso, mas um desejo desconcertante de álcool, completamente alheio ao prazer que se ganha como recompensa pelo trabalho duro. Pronto, Feynman parou de beber daquele instante em diante. Sentiu que nada deveria ter aquele tipo de poder sobre ele.

Quis parar antes de chegar ao ponto em que nos repreendemos, como diz a música da banda Depeche Mode...

*Never again
is what you swore
the time before**

No cerne dessa ideia do autocontrole está uma reação instintiva contra tudo que nos domine. Quem pode ser livre quando perdeu, como disse um especialista em vícios, "a liberdade de se abster"?

Dizemos que queremos a autonomia, mas nos entregamos por vontade própria a hábitos que nos dizem: "Tudo do que você precisa é mais de *mim*." Isso por si só nos mostra que seremos infelizes, famintos, solitários, sofridos, fracos sem eles.

Não é patético?

"Mostre-me um homem que não seja escravo", exigiu Sêneca, ressaltando que mesmo os escravagistas estavam atados às responsabilidades da instituição da escravidão. "Um é escravo do sexo; outro, do dinheiro; outro, da ambição, e todos os homens são escravos da esperança ou do medo." O filósofo afirmou que o primeiro passo é sair da ignorância da dependência, seja ela qual for. Depois, é necessário livrar-se do que o afeta, livrar-se da amante, de seu vício em trabalho, de seu desejo de poder, de seja lá o que for. Na era moderna, podemos ser viciados em cigarros ou refrige-

---

* "Nunca mais/ foi o que você jurou/ da última vez". (N. T.)

rantes, curtidas nas redes sociais ou em assistir ao noticiário na TV a cabo. Não importa se é socialmente aceitável ou não, o que importa é se é bom para você. O hábito de Eisenhower o estava matando, assim como acontece a muitos de nós de forma lenta e imperceptível.

Mas, mesmo que não estivesse, mesmo que fosse inofensivo, por que deveríamos receber ordens de nossa barriga ou de nossos órgãos genitais... ou do dispositivo que parece quase fisicamente conectado a nós? O corpo não pode estar no comando. Nem o hábito.

Devemos ser o chefe.

De certa forma, o hábito em si é menos importante do que o que realmente estamos abandonando: a dependência. O que os budistas chamam *tanha*. A *sede*. A *ânsia*. Talvez com o tempo você possa voltar ao uso recreativo (de seja lá o que for), mas, para isso, antes precisará abandonar o hábito. Não é o sexo, as curtidas nem a bebida. É a *necessidade*. E essa necessidade é a fonte do sofrimento.

Seja Amy Winehouse vitimada pelas drogas ou o descontrole de Tiger Woods com suas amantes, o mundo lamenta os muitos homens e mulheres talentosos destruídos pelo parasita em seu interior, aquele que precisava ser alimentado cada vez mais, porém nunca estava satisfeito. O custo não é apenas pessoal, mas partilhado por todos nós, em sinfonias nunca escritas, feitos nunca realizados, no bem nunca perpetrado, no potencial de um dia banal nunca atingido.

Precisamos lembrar que a escravidão era um sistema econômico ineficiente e inferior, além de sua miséria e crueldade. Por que você escolheria ser um escravo?! Em especial de algo que o faz se sentir pior a cada uso?

Aqui está um teste: se determinada coisa fosse inventada hoje, você a usaria? Se o álcool fosse apresentado a você agora, pela primeira vez, com todos seus determinantes e riscos conhecidos, você ainda beberia? Sabendo quanto tempo gasta em um aplicativo, você ainda faria o download dele se fosse lançado hoje? Se soubesse que a promoção e o sucesso o levariam ao divórcio e à infelicidade, apesar da riqueza, ainda faria a mesma escolha de anos atrás? O simples fato de ter começado não significa que precise continuar. O fato de que você não sabia de algo antes não muda o fato de que está *escolhendo* isso agora.

Todo mundo tem mecanismos para sobreviver às dificuldades, algo que nos acalma... mas não demora até que, em maiores quantidades, eles acabem embotando nossa percepção. Isso pode nos reconfortar, mas não é nosso amigo. Foi o que o treinador de Lou Gehrig tentou avisar quando o pegou tomando um gole antes dos jogos para se acalmar. *Você não vai gostar de onde esta estrada vai dar. E sempre chega no mesmo lugar.*

Qualquer que seja o mau hábito, socialmente aceitável ou não, que pareça estar governando sua vida, você precisa parar. Seja de imediato ou com ajuda, precisa se livrar do problema... não importa o tamanho dele.

Todo mundo, poderoso ou não, tem algum mau hábito contra o qual está lutando, mas nunca é tarde para se afastar e vencê-lo.

Eisenhower tinha 58 anos. Seu mau hábito tinha quase metade dessa idade.

Não importa. O que conta é o que fazemos a respeito.

O que conta é que escolhemos parar de ser escravos.

Escolhemos a liberdade.

Nós nos salvamos para salvar (e continuar salvando) o mundo.

EVITE O SUPÉRFLUO

~

Catão, o Velho, nunca usava uma roupa que custasse mais do que algumas moedas. Bebia o mesmo vinho que as pessoas que escravizava, com quem costumava trabalhar nos campos. Comprava a comida nos mercados públicos. Rejeitava as armadilhas caras da alta sociedade.

"Nada é barato se for supérfluo", dizia.

Se ele não precisava, não comprava... Se não tinha importância para ele, não bastava que tivesse importância para todos os demais. Mas o objetivo da frugalidade não era a privação, e, sim, a independência. Inspirado por Mânio Cúrio, um de seus heróis, Catão vivia em uma casa modesta. No auge do poder do grande conquistador, alguns homens foram enviados para suborná-lo, mas encontraram Cúrio na cozinha preparando nabos. Naquele instante, souberam que sua missão era inútil. Um homem satisfeito com tão pouco jamais poderia ser tentado.

Quando desejamos mais do que precisamos, nos tornamos vulneráveis. Quando extrapolamos, quando *perseguimos*, não somos autossuficientes. Era por isso que Catão recusava presentes caros, era por isso que não cobrava por seu trabalho político, era por isso que viajava com poucos criados e prezava a simplicidade.

Certa vez, perguntaram a um rei espartano o que seus guerreiros obtinham dos hábitos "espartanos". "O que colhemos desse modo de vida é liberdade", respondeu ele.

O boxeador Rubin Carter sobreviveu a quase dezenove anos de uma prisão injusta. Como? Não foi sua riqueza que o ajudou, mas o contrário. Na prisão, ele se despojou por vontade própria das comodidades mais básicas: travesseiros, rádio, tapetes, TV e pornografia. Por quê? Para que nada pudesse ser tirado dele. Para que os guardas não tivessem influência sobre ele.

Quando somos severos com nós mesmos, fica mais difícil para as pessoas assumirem essa postura conosco. Quando somos rigorosos com nós mesmos, tiramos o poder dos outros sobre nós.

Uma pessoa que leva a vida abaixo de seus recursos tem muito mais latitude do que uma pessoa que não consegue viver assim. Era por esse motivo que Michelangelo, o artista, não vivia de maneira tão austera quanto Catão, mas evitava os presentes oferecidos pelos patronos ricos. Não queria dever nada a ninguém. Acreditava que a verdadeira riqueza era sua autonomia.

Talvez pareça que a vida de Catão ou de Michelangelo foi difícil, mas, em muitos aspectos, foi mais fácil. Havia menos com que se preocupar. Menos anéis para beijar. Nada a invejar... e nada a temer que os invejosos lhes tirassem.

Lembre-se: ninguém se diverte menos do que aquele que está sobrecarregado e afundado em dívidas... ou com um emprego bem remunerado, mas o qual não pode se dar ao luxo de perder. Ninguém é menos livre do que alguém preso à esteira, correndo cada vez mais rápido, mas sem chegar a lugar nenhum.

Eu *morreria* sem meu [inserir item de luxo], dizemos de brincadeira. *Como alguém consegue viver assim?*, perguntamos não tão retoricamente.

A resposta? Eles são mais fortes que você.

O editor Maxwell Perkins gravou a frase "Quanto mais o homem é, menos ele quer" acima de sua lareira. Quando se tira o desnecessário e o excessivo, o que sobra é você. O que resta é o que importa.

Como saber se algo é supérfluo? Um indicativo pode ser o quanto *os outros* estão empurrando isso para cima de você. Pessoas inseguras nos pressionam para sermos como elas. Outro sinal é o quanto seu interesse é motivado por *acompanhar a tendência* ou por um *medo de perder*. Pergunte a si mesmo: "Como a humanidade e eu sobrevivemos por tanto tempo sem isso? Como foi da última vez que comprei o que desejava... quanto tempo durou o sentimento (em comparação ao remorso de ter comprado)? E como sei que essa coisa realmente facilitará minha vida? Afinal, a última coisa também não facilitou! Verifique a gaveta de tralhas ou o fundo do armário para achar provas.

Pense em como estava satisfeito com menos apenas alguns anos atrás. O quanto era mais frugal... por necessidade. Com quanto menos vivia. Ao olhar para trás, para sua juventude repleta de esforço e dificuldade, sente que lhe faltou algo? Sente amargura?

Em geral, não. Eram dias felizes. Quase sentimos falta deles.

Tudo era mais simples. Mais limpo. Havia mais clareza. Nem sequer tínhamos conhecimento da maioria dos luxos que apareceriam no nosso futuro. Não ansiávamos por eles. Ignorávamos até a possibilidade de sua existência!

O objetivo dessas coisas é apenas torná-lo menos livre, mais dependente.

Quanto menos desejar, mais rico, mais livre e mais poderoso você é.

É simples assim.

LIMPE SUA MESA

~

Robert Moses não era um homem gentil, mas era eficiente. Nas décadas em que esteve no poder, fez mais do que poucos acreditavam ser possível: construiu 10 mil quilômetros quadrados de parques, 658 playgrounds, 670 quilômetros de vias públicas, 13 pontes, moradias, túneis, estádios, centros cívicos, centro de convenções... Cerca de 27 bilhões de dólares em obras públicas que ocorreram por toda Nova York. Não apenas fazia bem seu trabalho, como vários outros. Ocupou doze cargos ao mesmo tempo, como comissário de parques da cidade de Nova York, presidente da State Power Commission e presidente da Triborough Bridge and Tunnel Authority ao longo de quarenta e quatro anos de carreira.

Atravesse a West Side Highway e você vai dar de cara com Robert Moses. Atravesse o rio Harlem pela Triborough Bridge... Robert Moses. Vá para o Parque Estadual das Cataratas do Niágara... Robert Moses. Visite Jones Beach... Robert Moses. Nade na Piscina Astoria... Robert Moses. A Feira Mundial de Nova York de 1964-1965... Robert Moses. O zoológico do Central Park, o Shea Stadium, o túnel Brooklyn-Battery, o Jones Beach Theatre, o Lincoln Center... Robert Moses.

Segundo seu biógrafo, essas realizações, que moldaram e definiram a cidade de Nova York de 1924 a 1968, merecem ser avaliadas não em comparação a seus predecessores e sucessores, ou mesmo em relação a outras cidades, mas a *civilizações inteiras*.

Como ele conseguiu isso?

Poder maquiavélico bruto, óbvio. Uma ética de trabalho insana. Uma insensibilidade empedernida a provocar danos colaterais e indiferença em relação às consequências de suas ações. Uma ambição motriz e um desejo implacável de deixar sua marca nas vias, nos parques e na linha do horizonte de Nova York. Mas, para além disso, quer você o respeite ou o despreze, deve saber que um dos segredos de seu sucesso era bastante simples: ter uma mesa de trabalho limpa.

Na verdade, como observou Robert Caro, não era tecnicamente uma mesa de trabalho. Robert Moses preferia trabalhar em uma mesa comum grande, porque o tornava mais eficaz e incentivava um fluxo melhor de atividade. Moses acreditava em *agir*: algo surgia, e ele lidava com a questão. Correspondências, memorandos, relatórios... Ele não deixava nada parado, muito menos permitia que as pendências se amontoassem. "Como uma mesa comum não tem gavetas, não havia lugar para esconder papéis nem como escapar de um problema persistente ou de uma carta difícil de responder, a não ser se livrar das demandas, de uma maneira ou de outra", escreveu Caro sobre o sistema de Moses.

Mantendo a mesa e o escritório organizados, ele cumpria tarefas.

Mas e você?

Está se afogando em papéis. Ou mesmo no mundo digital, sua caixa de entrada transborda, a área de trabalho está repleta de ícones e o celular é um mosaico infinito de aplicativos. Depois você se pergunta por que está estressado, por que está atrasado e por que não consegue encontrar nada. Segundos preciosos — que se transformam em minutos e horas preciosos — gastos em embaralhar, rolar, pesquisar e passar de um lugar para o outro. Seria impossível não se distrair, esgotar-se com a bagunça em que decidimos nos afundar.

É daí que vem a máxima da autora Gretchen Rubin: *ordem exterior, calma interior*.

Se queremos pensar e trabalhar bem, não iniciamos pela mente. Começamos ao olhar ao redor e fazer uma limpeza.

Toni Morrison explicou: "Digo aos meus alunos que uma das coisas mais importantes que precisam identificar é quando cada um está no seu auge, em termos de criatividade. Precisam se perguntar: como é o cômodo ideal? Tem música? Está em silêncio? Há caos ou serenidade do lado de fora? O que é necessário para liberar minha imaginação?"

Para muito poucos, não importa a profissão, a pergunta "Quando estamos no nosso auge?" é respondida com "Quando estou me afogando em papelada, pratos sujos, garrafas de água pela metade e pisos que não foram varridos". A sessão na sala de musculação é melhor quando os pesos estão empilhados e os halteres, no lugar certo. O artesão se sente mais seguro quando a oficina está arrumada. O time joga melhor quando o vestiário está organizado. As reuniões são mais eficientes quando a sala é organizada e esparsa. O general garante a disciplina da tropa ao manter seus aposentos espartanos e impecáveis.

O espaço onde o grande trabalho é realizado é sagrado. Devemos respeitá-lo.

Uma pessoa que não se importa com a bagunça no local de trabalho também não se importará com um trabalho desleixado. Quem não elimina o ruído perderá as mensagens das musas. Uma pessoa que tolera atrito desnecessário acabará por se desgastar.

Tem menos a ver com preciosismos do que com ordem ou *kosmiotes*, como os estoicos chamavam. Os chefs falam de *mise en place* — preparar e organizar tudo o que você precisa antes de começar a trabalhar. Nada derramando sobre qualquer outra coisa. Nada aleatório. Nada atrapalhando, nada retardando nada nem ninguém.

Imagine o que você seria capaz de fazer se tivesse a disciplina de primeiro colocar tudo em ordem de forma proativa. Se você se comprometesse com a ordem e a impusesse a si mesmo. Não a considere uma obrigação, outra coisa com que se preocupar porque, na prática, esse exercício libertará você.

Uma vez estabelecidos os sistemas e a ordem, então, e só então, podemos de fato nos soltar para nos entregarmos aos caprichos e às fúrias da criatividade, ao esforço físico, à invenção ou ao investimento audaciosos.

Como disse o romancista Gustave Flaubert: *Seja constante e ordeiro em sua vida para ser violento e original em seu trabalho.*

Limpe a mesa. Arrume a cama. Deixe tudo em ordem.

Depois vá atrás do que você quer.

MARQUE PRESENÇA

~

O brilhantismo de Thomas Edison não estava em sua mente. Era algo muito mais comum e, muitas vezes, bem menos respeitado.

"Não tenho imaginação", disse, certa vez. "Nunca sonho. Não criei nada."

Se você não gosta de Edison, talvez pense que se trata de uma admissão de ter roubado as invenções de pessoas mais brilhantes, como Nikola Tesla.

Mas não é exatamente isso, embora ele tenha admitido de boa vontade que a maior parte do crédito não se devia a seu cérebro.

"O 'gênio' fica no laboratório dia e noite", dizia Edison. "Se acontecer alguma coisa, ele está lá para presenciar; se não estiver, a coisa ocorre mesmo assim, mas nunca será dele."

Edison está falando sobre *marcar presença*. O poder incrível e subestimado de bater ponto todos os dias, sentar a bunda na cadeira, e a sorte que isso parece inevitavelmente produzir. Edison vivia no laboratório e não faltava um dia, como Gehrig, mesmo doente, cansado ou diante de uma tragédia ou de um desastre.

As conveniências modernas que podemos atribuir a seu laboratório devem-se muito mais a seu corpo do que a seu cérebro; à sua capacidade de ser constante, e não a seu brilhantismo. Não tinha a ver com inspiração. Tinha a ver com trabalho.

Marcar presença e tentar. Subir na esteira. Pegar o violino. Responder a alguns e-mails. Roteirizar algumas cenas. Entrar em contato com alguns clientes. Ler alguns relatórios. Levantar uns pesos. Correr um quilômetro. Riscar algum item da lista de tarefas. Ir atrás de um potencial cliente.

Não importa o que seja; todos os aspectos de nossa vida se beneficiam desse tipo circunscrito de disciplina. "O importante é fazer algo todos os dias", disse Arnold Schwarzenegger às pessoas que tentavam se manter em forma e produtivas durante o turbilhão interminável da pandemia.

Marque presença...

... quando estiver cansado;

... quando não precisar;

... mesmo se tiver uma desculpa;

... mesmo se estiver ocupado;

... mesmo que seu esforço não vá ser reconhecido;

... mesmo que esteja com muita dificuldade ultimamente.

Depois que algo é feito, você pode usá-lo como alicerce para construir mais. Depois de começar, a energia pode crescer. Quando você marca presença, pode ter sorte.

Ainda é difícil? Sim. Mas a boa notícia é que, por ser difícil, a maioria das pessoas não faz.

Não marcam presença. Não conseguem sequer fazer uma coisinha por dia.

Então, é verdade, você está sozinho no meio do temporal. É o único respondendo no Natal. Mas ter a liderança é, por definição, um pouco solitário.

Também é por isso que a manhã é tranquila. Você tem as oportunidades todas só para você.

Não se preocupe em quebrar recordes... Apenas apresente-se para fazer o serviço. Sem desculpas. A ironia é que essa é também uma forma de quebrar recordes!

Constância é um superpoder. A insistência da força de vontade no cotidiano é rara. Lou Gehrig era um jogador sólido e um bom rebatedor.* Mas seu sucesso estava enraizado no fato de que ele não perdia muitos dias de trabalho. É bem provável que, se tivesse

---

* O mesmo se pode dizer a respeito de Cal Ripken Jr., que quebrou o recorde de sequência de jogos consecutivos de Gehrig, 56 anos depois.

continuado no ritmo normal e não tivesse sofrido de ELA, seus números ultrapassariam os de Babe Ruth.

Apesar das lesões e do cansaço, Gehrig não se contentava com simplesmente marcar presença. Também tinha de superar o tédio, a dúvida e o *não estar a fim*. Tinha recaídas, como todos nós, mas entendia o que significavam. Como jogador da liga secundária, teve dificuldades em campo e pensou em desistir. O dono dos Yankees enviou um olheiro para orientar Gehrig sobre a matemática básica de uma média de rebatidas. Um bom rebatedor atinge .300, e atingir .350 é fantástico. Atingir .400 é quase inédito. O que isso significa? *Errar em seis tentativas de dez.*

Um rebatedor também pode passar dias ou até semanas sem tocar na bola! O olheiro disse: "A lição mais importante que um iniciante pode aprender é que ele não pode ser bom todos os dias."

Você não precisa ser sempre incrível. Mas precisa marcar presença *sempre*. O que importa é ficar por perto para a próxima rebatida.

Essa capacidade, juntamente à de suportar o que John Steinbeck chamou de "dias de ócio" enquanto escrevia *A leste do Éden* — aqueles dias em que tudo parece fora de sintonia e simplesmente não sentimos nada, quando as distrações não param de interromper —, é o primeiro passo para a grandeza.

Literalmente.

Não é possível ser grande sem a autodisciplina para tentar.

Uma coisa por dia tem um efeito cumulativo. Cada dia tem um efeito cumulativo.

Mas os números são interessantes apenas se são acumulados em grandes quantidades.

PRESTE ATENÇÃO ÀS PEQUENAS COISAS

Embora alguns dos seus recrutas fossem os melhores do país e fizessem aquilo quase todos os dias de suas vidas, o técnico John Wooden iniciava a primeira reunião de equipe no início de cada temporada da UCLA com um exercício simples.

"Rapazes, é assim que calçamos os sapatos e as meias", dizia.

Com certeza não era o que os jogadores esperavam. Não era o tipo de instrução que achavam que receberiam de um dos treinadores que mais havia conquistado vitórias na história do esporte. Mas, na verdade, era exatamente daquilo que precisavam e, como acabavam por compreender, era aquele o verdadeiro segredo do sucesso tanto na quadra quanto na vida.

No basquete, um esporte praticado em piso duro, o calçado do atleta é muito importante. Um sapato mal calçado pode levar a uma bolha, que pode levar a uma infecção, que pode sobrecarregar um dos pés, que pode obrigar o jogador a subir errado para um rebote, que pode provocar um tornozelo quebrado ou um joelho estourado.

"Levava poucos minutos", explicou Wooden. "Eu mostrava a meus jogadores como queria que eles fizessem aquilo. Segurar a meia, passá-la cuidadosamente ao redor da área do dedinho do pé e da área do calcanhar para não haver rugas. Alisar bem. Depois, segurar a meia ao calçar o tênis. E o calçado deve ser aberto, não apenas puxado pelos cadarços superiores. É preciso apertá-lo em cada ilhó para que fique confortável. Então amarrar. Duas vezes, para o laço não se desfazer, porque não quero sapatos desamarrados durante o treino nem durante o jogo."

É lógico que todo mundo acha que já sabe disso.

Temos mais com que nos preocupar. Queremos algo mais emocionante para fazer. Menos básico, menos primordial.

Queremos desafiar a nós mesmos *de verdade*, e não perder tempo repassando uma lista de tarefas, alongando antes de um treino, lendo as instruções em vez de partir para a ação.

Mas este é o ponto: só estaremos aptos a enfrentar os grandes problemas se dermos a devida atenção às pequenas coisas primeiro. Por mais brilhante que seja, nenhuma estratégia terá sucesso se você ignorar a *logística*.

"O diabo está nos detalhes", costumava dizer o grande almirante Hyman Rickover, "mas a salvação também".

E, como afirmou a imprudente e irresponsável Zelda Fitzgerald, cuja autoconsciência era bastante irrisória, o oposto também é verdadeiro: "É com as pontas soltas que os homens se enforcam."

Ao nos concentrarmos na forma e nos preocuparmos com as pequenas coisas, nos tornamos mais fortes — mais até do que se tivéssemos nos precipitado e nos dedicado a problemas que, na teoria, são mais difíceis. Ao ignorar as pequenas coisas, ficamos vulneráveis.

"É possível melhorar algo com desatenção?", perguntaria o filósofo Epicteto. Não! Carpinteiro ou atleta, investidor ou oficial de infantaria, a grandeza está nos detalhes. Detalhes exigem autodisciplina. Mesmo que ninguém mais perceba... ou se importe.

Há um poema e provérbio sobre um cavalo que remonta a tempos imemoriais. Começa assim: "Por falta de um prego, perdeu-se uma ferradura." Então, por causa da ferradura, perdeu-se o cavalo e, por causa do cavalo, o cavaleiro, e por causa do cavaleiro, a mensagem, e por causa da mensagem, a batalha, e por causa da batalha, o reino. *Por falta de um prego, perdeu-se o reino.*

Por causa de uma bolha, perdeu-se o jogo.

Porque as pequenas coisas foram ignoradas. Porque a disciplina falhou, tudo foi por água abaixo.

Salve a si mesmo. Salve o mundo. Preste atenção às pequenas coisas.

MOVIMENTE-SE

~

É enlouquecedor e, no entanto, pode ser visto em cartas e despachos em quase todos os conflitos já travados da história. Por medo, por preguiça ou por má supervisão, um general simplesmente não põe as tropas em movimento. Treinaram a vida inteira para lutar e, quando chega a hora, são lentos.

Na Guerra Civil norte-americana, para a exasperação de todos os seus subordinados, o general George McClellan, por exemplo, parecia incapaz de ser ágil para entrar em combate. Depois de visitar o general no campo, Lincoln fez uma piada para a esposa sobre o comandante estacionado: "Seremos fotografados [se] conseguirmos ficar um pouco quietos. Acredito que o general M. não terá problemas a esse respeito." Somente depois de repetidos estímulos de Lincoln — com "varas afiadas", segundo um de seus secretários —, McClellan enfim começou a investir contra Lee, em 1862. Levou nove dias para cruzar o Potomac. "Ele é *lento*", afirmava Lincoln, frustrado.

McClellan era um soldado brilhante. Mas, ao permanecer gemendo sob o peso de sua bagagem, seu conservadorismo, sua arrogância, sua paranoia e sua precaução, era incapaz de agir depressa e com urgência, de se preocupar com as pessoas que o cercavam. Pior ainda, quando avançava contra o inimigo, era sem entusiasmo e, muitas vezes, parava na metade, como aconteceu depois de Antietam, quando desferiu um golpe severo no exército de Lee, mas se recusou a prosseguir.

Tinha tudo de que precisava, todo o talento, todos os recursos humanos.

Mas seu coração não estava naquilo.*

Era corajoso sob fogo, mas não para começar ou terminar uma batalha que sabia que poderia perder. Não era disciplinado para se esforçar.

No fim, na guerra... assim como na vida... é preciso se levantar e seguir em frente. É preciso partir para a ação, mesmo que seja algo assustador, difícil ou incerto.

Os comandantes militares falam do valor da *celeridade*, de se mover com rapidez e agressividade. Na parede da cozinha do Per Se, um dos melhores restaurantes do mundo, está o lema: *Um senso de urgência.*

Em suma, o *movimento*. Seja nos negócios, nos esportes ou no combate, todos os grandes o têm. Aqueles que não se mobilizam lamentam *o que poderia ter sido*.

Inevitavelmente, quem *escolhe* quando tentar e quando não tentar corre o risco de errar e trair seu time, como Manny Machado em um jogo do campeonato da Liga Nacional de Beisebol dos Estados Unidos em 2018. "Não sou o tipo de jogador que sai correndo", disse Machado aos repórteres após quase andar depois de acertar uma bola no fundo para o interbase, "e desliza para a primeira base. Não faz meu estilo, não é minha praia, não é quem eu sou".

Imagine o que Lou Gehrig teria pensado sobre isso? "Corra sempre. Nunca se sabe", era o mandamento dos Yankees. Um grande jogador nem deveria precisar ser lembrado disso, deveria estar em seu sangue. "Não há desculpa para um jogador não correr", dizia Gehrig. "Acredito que todo atleta deve isso a si mesmo, ao clube e ao público: correr cada minuto em que está no campo."

Se você não é do tipo que se movimenta, então quem é você? Em que posição deixa as pessoas que contam com sua ajuda?

Embora Machado tenha assinado um grande contrato no ano seguinte, não foi com os Yankees, que eram sua primeira escolha.

---

* Alguns especulam que McClellan queria que ambos os lados se exaurissem e, com uma paz negociada, preservassem a União com a escravidão intacta.

O presidente da equipe explicou por quê: Não correr "não vai dar certo com nosso estilo de jogar beisebol".

É fácil julgar e criticar como torcedor, mas esse não é o único papel que o esporte (ou o estudo de guerras) tem em nossas vidas. Isso deve servir como um espelho.

Há um pouco de McClellan em todos nós. Um pouco de Machado em todos nós. Ficamos cansados. Com medo. Sabemos que vai ser difícil. Somos arrogantes e vaidosos. Não entendemos o objetivo. Não queremos parecer idiotas.

Precisamos vencer tudo isso.

"Pode-se perder batalhas, mas jamais um minuto para a preguiça", dizia Napoleão.

Poucos de nós nos movimentamos ao máximo. Colegas e clientes podem contar com você quando precisam? Ou precisarão incitá-lo e implorar, repetir sem parar a *urgência* da situação?

Se for o caso, o que isso diz sobre você?

Vamos nos esforçar para sermos melhores, para corrermos atrás. Vamos nos movimentar porque nos importamos. Porque nos preocupamos com o jogo. Porque nos preocupamos com a causa.

Nós nos movimentamos porque nunca se sabe quando fará diferença, quando alguém pode estar observando, quando será a última tentativa, quando "a lentidão" nos custará tudo.

Devemos sempre nos movimentar. Correr. Ponto-final.

Porque faz parte de quem somos.

DESACELERE... PARA IR MAIS RÁPIDO

~

Otaviano tinha apenas dezoito anos quando foi nomeado herdeiro de Júlio César. Aos dezenove, no Fórum da elite de Roma, acenou para a estátua do pai adotivo e jurou que o alcançaria no mesmo número de conquistas. Era um jovem que ia longe... *e com pressa*. No entanto, não se tornou o famoso Augusto, nem "o venerável", por ser veloz.

Não como seria de se imaginar. Sua ascensão de pretendente ao trono foi, na verdade, notavelmente metódica e paciente, assim como aconselharam dois grandes mestres estoicos: Atenodoro e Ário Dídimo. O jovem passou dez anos compartilhando o poder com Marco Antônio, quase cinco como *Princeps senatus* (líder do Senado), e então, por fim, em 27 a.C., autodeclarou-se Augusto César.

Uma ascensão deslumbrante que, ao contrário da maioria de seus predecessores e sucessores, firmou-se. Porque estava de acordo com o ditado favorito dele, *festina lente*, ou seja, apressar-se *devagar*.

Como o historiador Suetônio nos conta, o imperador "considerava que pressa e imprudência não eram nada adequadas a um líder bem treinado". "Portanto, seus ditos favoritos eram: 'quanto mais pressa, menos velocidade'; 'Melhor um comandante seguro do que um ousado'; e 'É feito com rapidez suficiente o que é feito bem o suficiente'."

Sim, é importante se movimentar. Não podemos demorar, atrasar ou ser lentos. Sim, devemos correr com velocidade. Ao mesmo tempo, nosso caminho também exige um ritmo disciplinado. A pessoa que se apressa, que coloca a eficiência acima da eficácia e ignora as "pequenas coisas" é, no final, pouco eficiente.

Quando Otaviano assumiu o poder, Roma era uma cidade de tijolos. Ele dizia sentir-se orgulhoso de deixar um grande império de mármore. Levou tempo e paciência para resolver um monte de pequenas coisas, mas valeu a pena.

É fácil ir rápido. Nem sempre é *melhor*.

Nas Forças Armadas, costuma-se dizer que ir devagar é fácil, e fácil é rápido.

Faça certo e será rápido. Tentar ser rápido demais não vai dar certo.

Como alcançar o equilíbrio entre se movimentar com pressa e o ditado *festina lente*?

Talvez outro general da Guerra Civil norte-americana, George Thomas, seja um ótimo exemplo. Thomas não era conhecido por sua velocidade. Na verdade, seu apelido era "Velho Trote Lento", recebido pela disciplina que impusera como comandante de cavalaria. Mas, na realidade, ele não era lento; era deliberado. Não era derrubado, tampouco dissuadido de sua causa. Ganhou outro apelido, "Rocha de Chickamauga", ao se manter inabalável contra um ataque inimigo massivo que teria facilmente derrotado um general incerto como George McClellan. Thomas foi repreendido por Grant por não se mobilizar rápido o suficiente contra o exército do general Hood em Nashville, levando tanto tempo para seguir a ordem de "atacar de imediato" que Grant o substituiu pessoalmente.

No entanto, foi uma injustiça com Thomas, e por isso é simples demais afirmar que é preciso ter celeridade sempre. Grant achou que o companheiro não estava com pressa, que estava se arrastando. Na verdade, Thomas estava totalmente comprometido, movendo-se devagar apenas porque queria fazer tudo direito. Depois de se preparar do modo adequado, com os devidos suprimentos, e treinar bastante, ele esperou o momento certo para atacar com toda velocidade. Thomas aniquilou o inimigo na Batalha de Nashville, uma das grandes vitórias da guerra, em dezembro de 1864.

O Velho Trote Lento era uma rocha. Uma rocha que, depois que começava a rolar, nada era capaz de parar.*

Isso é *festina lente*.

Energia com moderação. Esforço medido. Ímpeto com controle.

"Devagar, fazemos tudo certo", diria o poeta Juan Ramón Jiménez. Isso vale tanto para a liderança, para o levantamento de peso, para a corrida e para a escrita. Movimentar-se nem sempre tem a ver com apressar-se. Trata-se de fazer tudo *da forma correta*. Não é um problema se mover devagar... desde que você nunca pare. Sabemos que, na história da tartaruga e da lebre, na verdade, era a tartaruga que se movimentava. A lebre representava Manny Machado ou George McClellan. Brilhante, rápido em explosões, mas não de forma consistente.

"Fazer as coisas mal feitas não dá a ninguém o direito de exigir pressa de quem as faz bem", dizia Jiménez aos críticos e editores ou mesmo aos leitores impacientes.

Portanto, devemos ter essa atitude não apenas em relação às pessoas — nosso chefe, o público, os fornecedores — que querem que nos apressemos, mas também em relação à parte de nós que gosta tanto de *fazer* que quer começar antes de estarmos prontos. A parte de nós que ama a luta, ama a ação, que quer ir direto ao trabalho.

Certamente, ter esse impulso é melhor do que não o ter, mas, se não for bem administrado, deixará de ser um ativo para se tornar um passivo.

---

* Thomas morreu devido a um derrame, em 1870, enquanto escrevia uma carta para se defender da acusação de que não havia dado seu melhor na guerra.

PRATIQUE... E DEPOIS PRATIQUE MAIS

Dizem que o mestre espadachim Nakayama Hakudō praticava o desembainhar de espada cerca de duas mil vezes por dia. No templo Hayashizaki, em uma maratona de treinamento de resistência, ele foi filmado desembainhando a espada *dez mil vezes* em 24 horas.

Podemos imaginar a velocidade necessária para tanto... além da deliberação de fazer tantas repetições em tão pouco tempo. Mas por que ele fazia algo assim?

Porque, como disse o professor de Otaviano, Ário Dídimo, "a prática duradoura se transforma em uma segunda natureza".

Não crescemos para estar à altura da situação, mas nossa falha se deve ao nível de nosso treinamento.

Certa vez, o samurai Musashi foi desafiado por um guerreiro chamado Miyake Gunbei, um homem que se considerava um dos melhores do mundo. No terceiro ataque, frustrado pela falta de sucesso, Gunbei investiu contra Musashi em um movimento agressivo. Musashi, tendo se preparado para esse exato cenário inúmeras vezes, respondeu: "Não é isso que você deve fazer." Ele aparou o golpe com uma das espadas e observou o homem cortar a própria bochecha contra a outra.

Como ele sabia?

Prática.

O lema de Musashi era "Cho tan seki ren". *Treinar da manhã à noite.*

Ah, você já fez isso? Tudo bem. Treine um pouco mais.

E depois?

Treine mais. E mais. E mais.

"Mil dias de treinamento para desenvolver", escreveu Musashi, "dez mil dias de treinamento para aperfeiçoar". Para um samurai, não havia *muito bom*. Se um espadachim muito bom encontrasse um lutador melhor... ele morreria. É como disse Bill Bradley, membro do Hall da Fama do basquete: "Quando você não está praticando, aperfeiçoando e trabalhando, outra pessoa está fazendo isso em algum lugar... E, quando você a encontrar, vai ser superado."

Ou morto.

Gunbei teve a sorte de aprender a lição e viver para contar. Na verdade, depois que Musashi tratou o ferimento do oponente, Gunbei aceitou que estava em desvantagem e se tornou aluno de Musashi. Treinou e praticou com ele até não estar mais sujeito aos erros que sua imprudência o levava a cometer.

Não é um exercício. Não há grandeza sem prática.

Muita prática.

Prática repetitiva.

Prática exaustiva, cansativa para o corpo e a alma.

No entanto, o que emerge dela é o oposto desses sentimentos.

Energia.

Força.

Confiança.

Você merece. Sim, vai sentir o corpo arder de dor, mas isso é a evidência do esforço. Dessa dor vem o calor real, aquele que você pode aplicar à sua habilidade, ao seu trabalho, à sua vida.

O violoncelista Pau Casals praticou sem descanso até muito tarde em sua vida, mesmo depois de ser amplamente considerado um mestre, porque acreditava que ainda estava progredindo. De fato, podemos afirmar que "progresso" e "prática" são sinônimos. Você não pode ter o primeiro sem o segundo. E o segundo é inútil sem o primeiro.

Desembainhar a espada. Estocar. Bloquear. Para aumentar a resistência, você levanta pesos e condiciona o corpo. Para combinar tudo, você treina. É o mesmo com a música. Você pode tocar com outros músicos talentosos e pode aprender novas músicas. Mas, antes de tudo, como Casals, você pode praticar escalas no quarto por horas e horas. O que são essas escalas para você? É bom que você saiba a importância delas e que as esteja treinando.

Não importa o objetivo, a prática o tornará melhor. Florence Nightingale queria que as enfermeiras iniciantes entendessem que sua profissão era uma arte que exigia "uma preparação tão difícil quanto o trabalho de qualquer pintor ou escultor". Churchill passou muitas noites ensaiando suas apresentações "improvisadas".

Só você sabe em que consiste treinar sua arte como um samurai, um atleta olímpico, um mestre em busca da excelência. Só você sabe o que precisa praticar da manhã até a noite, o que deve repetir dez mil vezes.

Não será fácil, mas, nesse fardo, também está a liberdade e a confiança.

O prazer de fluir. O ritmo da segunda natureza.

A paz de ter certeza de que, com a prática, você saberá exatamente o que fazer quando o momento chegar... e também conquistará o orgulho e a confiança para tal.

TRABALHE

Dizem que nenhum perfil sobre a escritora Joyce Carol Oates pode começar sem mencionar quantos livros ela publicou. É assim desde pelo menos os anos 1970, e ela nunca parou de publicar.

Seu primeiro livro, *With Shuddering Fall*, foi lançado em 1964. Na década de 1980, ela tinha dezenove livros publicados. Nos anos 1990, 37. Na primeira década dos anos 2000, lançou mais dez títulos. Na década seguinte, outros onze. Nesse período, também publicou quase uma dúzia de romances sob pseudônimos, 45 coletâneas de contos, doze coletâneas de poesia, onze novelas, nove peças, seis romances para jovens adultos e quatro livros infantis. Mesmo com mais de oitenta anos, continua trabalhando. Quantas palavras devem aparecer na sua obra completa? Quinze milhões? Vinte milhões?

Mas é isso que os grandes fazem. Não apenas marcam presença e treinam, *eles trabalham*.

Os colegas dela, em geral mais famosos e do sexo masculino, frequentavam festas chiques. Tinham casos escandalosos. Cultivavam sua imagem como literatos. Desesperaram-se com bloqueios criativos. Nutriam vícios. Joyce Carol Oates trabalhava e dava aulas. Dava aulas e trabalhava.

Publicava livros.

"Venho de uma parte do mundo onde as pessoas trabalham, e não apenas falam de trabalho. Por isso, se você sente que simplesmente não consegue escrever, ou que está muito cansado, ou isso, aquilo e aquilo outro, apenas pare de pensar no assunto e trabalhe", disse ela.

É o que Oates tem feito, quase todos os dias até o momento, ao longo de uma carreira de 58 anos. Aponta lápis e gasta canetas ao escrever os primeiros rascunhos à mão, usa máquinas de escrever, e então laptops para aperfeiçoar os manuscritos.

Na Grécia Antiga, havia uma palavra para descrever esse tipo de ética de trabalho incessante (*philoponia*) — e havia até prêmios para isso. Esse amor pela labuta, pelo processo, definia alguém como Lou Gehrig. Em 1933, o repórter Dan Daniel perguntou a Gehrig se ele fazia ideia de em quantos jogos seguidos havia participado. Gehrig chutou várias centenas. Na verdade, já era mais do que o dobro. O mesmo deve valer para Oates: se perguntassem quantos livros escreveu, é provável que ela subestimasse sua produção. Não é assim que ela pensa. A autora foca no trabalho — "*el trabajo gustoso*", como disse um escritor —, não no que já foi.

"Sempre levei uma vida muito convencional e moderada", explicou ela, "com horários regulares, nada exótico, sem nenhuma necessidade de organizar meu tempo. Todos nós temos dias de 24 horas, o que é tempo mais do que suficiente para fazer o que devemos fazer".

Hoje, somos mais propensos a falar de trabalho do que nos focarmos nele. Gostamos de nos exibir nas redes sociais. Gastamos muito dinheiro nas ferramentas certas ou em escritórios sofisticados.

Trabalhar de fato? Todos os dias?

Parece tortura.

Às vezes *é* de fato uma tortura.

Há dias em que as palavras não vêm com facilidade, em que a vulnerabilidade chega a doer. Há dias em que, em especial no caso de Oates, uma vez que escreve à mão, seus dedos doem, e os olhos ficam embaçados. Mas ela não faria de outro jeito.

Se você faz bem, também é uma tortura *não* fazer seu trabalho. O cão de trenó fica ansioso se não usar o arnês. O cavalo quer sair para trotar. A abelha morre se for isolada da colmeia. Quando encontramos o que estamos destinados a fazer, *fazemos*.

A bailarina Martha Graham contava uma história sobre seus dias de teatro de variedades, quando sua apresentação era seguida por um número com pássaros. Quando a música começava, as cacatuas brancas, treinadas por anos de reforço e ritual, ficavam quase histéricas de agitação, arranhavam e batiam na gaiola até a hora de subirem ao palco e se apresentarem. "Pássaros, caramba, pássaros!", ela gritava para os alunos que não se empenhavam por completo. Os pássaros não podem querer mais do que você.

Alguns perguntam: "Qual é a recompensa por todo esse trabalho?" Engana-se quem pensa que são prêmios, fama e semanas na lista dos mais vendidos. Outros querem uma garantia: "Se eu dedicar minhas dez mil horas, conseguirei o emprego? Poderei virar um profissional? Serei rico?" Não, não é assim que funciona.

Sempre e para sempre, a recompensa é o trabalho. Ele é uma alegria em si. É o inferno e o paraíso. Uma salvação suada e maravilhosa.

Não é possível realizar muitos prodígios com má vontade, mas você consegue isso com amor.*

"Não tenho consciência de trabalhar especialmente duro, ou de 'trabalhar' de forma alguma", disse Oates. "Escrever e dar aulas sempre foi, para mim, tão gratificante, que não considero essas atividades um trabalho no sentido usual da palavra."

Não chegamos a lugar algum sem trabalho, mas podemos chegar a um lugar mágico quando fazemos o tipo de trabalho que nem sequer parece trabalho. Quando engatamos na empolgação que nos leva a aproveitar, que nos leva para fora, quando seguimos o impulso de nos colocar em ação.

Decida quem você quer ser, dizem os estoicos, *e depois faça o trabalho.*

Seremos reconhecidos por isso?

Talvez, mas isso será um bônus.

---

* Bruce Springsteen, um dos músicos mais ativos no ramo, observa que sua prática é chamada de "play" ["tocar" ou "brincar"] por um motivo.

VISTA-SE PARA O SUCESSO

~

Angela Merkel cresceu na Alemanha Oriental antes da queda do comunismo. Não havia itens de luxo disponíveis. Delatores deixavam claro que era melhor não se destacar por nada, muito menos pelo modo de se vestir.

Em 1990, ela entrou para a política, passando para o outro lado do Muro de Berlim e do mundo insular da academia, em que havia trabalhado por muitos anos como química quântica. De repente, para sua surpresa, todos os olhos se voltaram para sua aparência. Quando um conselheiro político tentou incentivá-la a melhorar seu estilo, Merkel morreu de vergonha.

Aquele tipo de hábito não existia nos países do Leste Europeu. No entanto, é o que é *esperado* de um político, ainda mais com as expectativas machistas enfrentadas por uma mulher na política.

Certa vez, um repórter perguntou por que Merkel era vista tantas vezes com o mesmo terninho. "A senhora não tem mais nada?" "Sou uma funcionária pública, não uma modelo", respondeu Merkel.

No entanto, ela também é esperta o suficiente para se referir à política como um "espetáculo". E decidiu apresentar um espetáculo fora do comum.

Ela se veste com simplicidade. Ignora designers modernos ou caros. Prefere sapatos confortáveis. Manteve o corte de cabelo quadradão. Aparecia no escritório e na televisão quase todos os dias da mesma forma: sem maquiagem, pronta para trabalhar. Um visual simples... mas sempre profissional. Sempre adequado.

Há uma piada que tanto os críticos quanto os fãs de Merkel gostam de contar: "O que Merkel faz com suas roupas velhas? Ela as usa."

As pessoas prestavam atenção em sua aparência, então ela aproveitou isso para fazer uma declaração sobre modéstia e autenticidade. Alguns se envolvem no jogo, outros acham que estão acima dele. Merkel descobriu como jogar a sua própria maneira, sóbria e autêntica.

Os estoicos não compactuavam com a ideia — popularizada pelos cínicos — de que o filósofo deveria rejeitar os padrões e os modos da sociedade. Enquanto os cínicos andavam em farrapos, os estoicos se vestiam como pessoas normais. O que importava era ser diferente no *interior*.

Ainda assim, abstinham-se de luxos desnecessários e modismos bobos. Caio Musônio Rufo disse que "deve-se usar roupas e sapatos como uma armadura, ou seja, para a proteção do corpo, e não para a exibição. Portanto, assim como as armas mais poderosas e as mais bem desenvolvidas para proteger o portador são as melhores, e não as que atraem o olhar pelo brilho, também as roupas e os sapatos que são mais úteis ao corpo são os melhores, e não aqueles que fazem com que o tolo se vire para olhar".

Um líder deve se preocupar com as pequenas coisas, mas também deve saber o que importa apenas para as pessoas pequenas. A forma como nos vestimos e nosso estilo é um daqueles casos complicados que tornam a "temperança" difícil de identificar. Uma pessoa desalinhada e malvestida dificilmente será considerada autodisciplinada. Mas, por outro lado, aqueles que valorizam o superficial — os moldes elegantes, as marcas e os novos estilos mais extravagantes — acima do substancial também estão errados.

Talvez por isso Steve Jobs tenha escolhido um suéter confortável e uma marca de jeans e se mantido fiel a eles pelo resto da vida. Não eram baratos. Caíam bem. Funcionavam em todas as situações. Tinham um estilo atemporal... então ele nunca mais precisou pensar de novo no assunto.

O general Zachary Taylor detestava usar uniforme e não gostava de exibir seu posto nem suas medalhas, que eram muitas. No entanto, quando se reuniu com o comodoro David Conner, no Rio Grande, durante a Guerra Mexicano-Americana, Taylor colocou um traje completo para deixar seu convidado mais confortável, uma vez que era o esperado para oficiais da Marinha. Enquanto isso, o comodoro Conner, em um gesto de respeito ao estilo humilde do outro, apareceu em traje civil! Tudo isso para dizer que cada situação e cada pessoa pode exigir uma abordagem diferente.

Na maior parte do tempo, não estamos "no campo". Às vezes, estamos em uma entrevista de emprego, de frente para uma câmera ou em reunião com alguém importante. Só porque não damos muita importância a coisas superficiais não significa que as impressões que os outros têm de nós não importam, em especial se estivermos tentando realizar algo ou convencer alguém. A apresentação conta... assim como os sentimentos dos outros. Não é *tudo*, mas ignorá-la é por sua conta e risco.

Arrumar-se — uma barba bem-feita, roupas passadas — também nos ajuda a nos situarmos, assim como limpar a mesa do escritório pode fazer maravilhas para a produtividade e o foco. Foi por isso que Joe McCarthy, treinador dos Yankees de Gehrig, proibiu os atletas de fazerem a barba no vestiário. Não por querer jogadores com a barba por fazer; pelo contrário, exigia que todos aparecessem barbeados e prontos para trabalhar. Ninguém fica bem de roupão... por isso devemos tomar banho e nos arrumar de manhã, mesmo quando não vamos sair de casa. Lustre os sapatos até *você* estar brilhando.

Embora o mundo seja imprevisível, controlamos como cuidamos de nós mesmos. Arrumar a cama, ajustar a camisa dentro da calça e pentear o cabelo são pequenas coisas que sempre estão em nosso controle, práticas que instilam ordem e limpeza em uma situação complicada.

Prisioneiros de guerra e sobreviventes do Holocausto falaram sobre como tentaram encontrar maneiras de se limpar e manter pequenos traços da aparência, mesmo em meio à sujeira e ao horror das circunstâncias. Ninguém os acusaria de ser vaidosos; pelo contrário, entendemos tais práticas como uma afirmação corajosa da dignidade que seus captores desejavam lhes roubar.

Dê atenção às pequenas coisas... mas não seja superficial.

Bem-vindo à temperança. Trata-se, por definição, de equilibrar opostos.

Às vezes, precisamos ser um pouco como o comodoro Conner, e, às vezes, temos que ser como o general Taylor. Precisamos descobrir como agir igual a Angela Merkel: jogar o jogo das aparências sem ser distraídos nem consumidos pela *aparência*.

Devemos nos vestir bem, mas não bem demais.

Preocupamo-nos em cuidar de nós mesmos, mas nunca à custa de descaso com os outros ou com nossos deveres.

Levamos nossa aparência a sério sem nos levarmos a sério. Como dizem nos círculos da moda: "Somos nós que vestimos a roupa, e não a roupa que nos veste."

Mantemos uma aparência impecável para sermos impecáveis, para permanecermos sofisticados... porque somos impecáveis.

BUSQUE O DESCONFORTO
~

Sêneca era um homem rico. Herdou propriedades do pai. Investiu bem em todo o Império Romano. Acumulou uma riqueza ainda maior a serviço do imperador.

No entanto, de vez em quando, por alguns dias, comia pouquíssimo e usava suas roupas mais rústicas. Buscava o desconforto e simulava a pobreza abjeta e as condições de vida mais difíceis. Dormia no chão e se privava de tudo, menos de pão e água.

Podemos pensar que se tratava apenas de um hobby presunçoso e até condescendente de gente privilegiada, como tomar banhos gelados e acampar. Contudo, seu intuito ia muito além. Em primeiro lugar, Sêneca se esforçava para garantir que a dificuldade fosse real. "O catre deve ser de verdade", escreveu a um amigo, aconselhando-o a experimentar o desconforto voluntário, "e o mesmo se aplica ao avental, e seu pão deve ser duro e sujo. Suporte tudo isso por três ou quatro dias, às vezes mais, para que seja uma verdadeira provação, e não uma diversão."

A questão não era se gabar nem conquistar pureza moral. Sêneca sabia que a maioria de seus concidadãos vivia com tranquilidade e sem reclamar nas exatas circunstâncias que ele experenciava por vontade própria. Na verdade, o ponto era: ele queria deixar claro para si mesmo que tais privações eram perfeitamente possíveis e normais de suportar. Ao se aproximar do que tantos de seus amigos ricos temiam, o que os tornava avessos ao risco e ansiosos, Sêneca podia dizer a si mesmo: "É isso que você temia?"

Essa prática foi útil para Sêneca mais de uma vez. De fato, acabou salvando sua vida. Quando Nero enlouqueceu, o filósofo decidiu partir e oferecer toda a sua fortuna pela liberdade. Nero ficou chocado. Quem abriria mão de tudo? Quem valorizaria mais a honra do que o dinheiro? Furioso, o imperador tentaria envenenar Sêneca em seu retiro no campo, mas não teve sucesso, dizem, por causa de sua escassa dieta de bagas e água.

No entanto, a maioria de nós passa a vida construindo muros entre nós e tudo que é desagradável... sem compreender o quanto essa barreira nos torna dependentes. Achamos que o objetivo do sucesso é nunca precisar enfrentar dificuldades, ter não apenas aquilo de que precisamos, mas tudo o que queremos sob demanda: água quente, roupas boas e comida — preparada com os melhores ingredientes, nos melhores restaurantes, e entregue à nossa porta em minutos — ao mais leve indício de fome.

Tudo isso é bom de desfrutar com moderação. Afinal, a vida não deveria ser, em geral, confortável? Ainda assim, devemos entender que o mundo moderno conspira contra nós e trabalha para degradar nossa capacidade de suportar até a menor dificuldade. Isso nos deixa mimados... e nos leva ao fracasso ou à escravidão.

Optamos pelo caminho mais fácil porque ele existe. Quem escolheria sentir frio? Qual é o objetivo de ficar com calor se podemos ligar o ar-condicionado? Por que carregar coisas pesadas sem necessidade se alguém pode levar para você? Quem caminha se pode ir de carro?

Uma pessoa que entende o valor da disciplina. Uma pessoa que permanece confortável no desconforto.

Corra uma maratona.

Durma no chão.

Levante algo pesado.

Faça você mesmo o trabalho manual.

Pule no lago frio.

O sucesso nos enfraquece. Também gera medo: nos tornamos viciados em nossos confortos. Então ficamos com medo de perdê-los. Sêneca não era Catão no dia a dia, mas sabia, por causa de sua prática, que *poderia* ser se precisasse.

Ao buscar desconforto, nos fortalecemos. Se não vamos viver uma existência espartana no cotidiano, é melhor que pelo menos pratiquemos a resistência com frequência suficiente para não a temermos. Os primeiros dias como estudante de direito prepararam Gandhi para seus desafios posteriores. Ele se acostumou a se virar com pouco. A sentir fome e frio. Mais tarde, quando o prenderam, como Rubin Carter, ele estava pronto. Não havia nada que pudessem lhe tirar que ele não tivesse se acostumado a estar sem.

Toda autodisciplina começa com o corpo, mas não acontece em um passe de mágica. Trata-se de uma habilidade que Sócrates cultivava, um músculo que desenvolvia por meio dos desafios a que se propunha, assim como Buda passou inúmeras noites dormindo ao ar livre e vestindo túnicas esfarrapadas. É assim que se *tempera* uma espada, expondo-a, por breves instantes, ao calor e ao frio, a ambientes que agridem o aço e o endurecem. É assim que o melhor de nós se torna o melhor, ao passar pelos mesmos desafios e ao forçar o corpo a mudar e se adaptar.

O fato é que, um dia, a vida nos reservará sérios desconfortos. Vamos temê-los? Ou nos prepararmos?

Treinamo-nos na abnegação como uma forma de autopreservação. "Tome o banho frio com coragem", escreveu W. E. B. Du Bois à filha. "Obrigue-se a fazer coisas desagradáveis para se impor sobre sua alma."

A pessoa que se impõe sobre a própria alma, que pode ficar sem algo, que não teme a mudança, o desconforto nem a reversão da sorte é mais difícil de matar e mais difícil de derrotar. Também é mais feliz, mais equilibrada e está em melhor forma.

Devemos praticar a temperança no presente, em tempos de fartura, porque ninguém sabe o que o futuro reserva... apenas que a fartura nunca dura.

ADMINISTRE A CARGA

~

Custou 250 mil dólares, mas rendeu a Gregg Popovich mais dois títulos de divisão e seu quinto campeonato. Também mudou a NBA e todos os esportes.

Em 2012, o San Antonio Spurs estava uma temporada de seis jogos na estrada. Era o quarto jogo da equipe em cinco noites, apenas 24 horas após a vitória sobre o Orlando Magic e 72 horas após uma vitória na prorrogação dupla sobre o Raptors, a mais de 2.700 quilômetros de distância, em Toronto. Foi uma agenda apertada de 66 jogos com mais embates consecutivos do que nunca. Além disso, na temporada anterior, dois craques de Popovich, Manu Ginóbili e Tony Parker, haviam saído direto dos jogos decisivos para as Olimpíadas, em que foram titulares em suas respectivas seleções. Tim Duncan, talvez o melhor ala-pivô de todos os tempos, estava em seu 16º ano na liga. Coletivamente, o grupo tinha mais de três mil jogos profissionais e sempre chegava às finais, como parte da dinastia Spurs, que foi construída em torno de desempenho com muito trabalho e uma busca contínua por excelência.

A decisão de Popovich de dar descanso a quatro de seus melhores jogadores durante um jogo televisionado em rede nacional foi controversa. O time queria que jogassem.* Os fãs ficaram chateados e pediram reembolsos. Os locutores de TV ficaram furiosos, assim como os canais que haviam pagado pelos direitos de transmissão. Outros treinadores reclamaram, e atletas o condenaram. A punição da liga veio logo e saiu cara.

---

* Acontece que houve um problema com o avião da equipe, e os atletas foram para casa em um voo da Southwest.

Mas Popovich teve a disciplina de se planejar a longo prazo. Seus atletas descansaram de modo estratégico para que tivessem energia para avançar nas partidas decisivas e pudessem ter carreiras mais longas e com um jogo de alto nível.

O nome dessa estratégia é: *gerenciamento de carga*.

"Já fizemos isso antes na esperança de tomar uma decisão mais sábia, em vez de uma decisão popular", disse ele a um repórter sobre o que se tornaria uma prática onipresente de coaching. "É bastante lógico."

Lógico, sim. Esgotamento e lesões são muito mais caros do que folgas.

O público gostou? Não. E, definitivamente, foi uma decisão difícil.

Quando estamos comprometidos e motivados, quando queremos vencer, a autodisciplina muitas vezes consiste em acordar mais cedo e trabalhar mais. Porém, há vezes em que a escolha mais difícil, o maior exercício em termos de controle, é descansar. Administrar a carga em vez de jogá-la sobre os ombros (ou joelhos) sem pensar e sem hesitação. Embora tenham origens muito diferentes, a vontade de faltar a um treino e o impulso de fazer exercícios demais acarretam os mesmos resultados. É uma negociação de curto prazo com consequências de longo prazo, assim como o custo do prazer da barra de chocolate ou da droga é pago no futuro... com juros.

Se esse tipo de decisão é inviável para atletas e suas carreiras relativamente breves, pense em como é muito mais vital para o restante de nós. Temos uma carreira cuja rotina vamos aderir por décadas. Faremos isso a vida *toda*.

Você acha que está progredindo ao assumir um pouco mais, ao se forçar um pouco mais. Acha impressionante passar por cima dos pequenos sinais de alerta de dor. Não, não, você não está entendendo direito. John Steinbeck se referiu a isso como a "indisciplina de trabalhar demais", lembrando a si mesmo de que era "a mais falsa das economias".

A prova? Equipes que atingem o auge técnico cedo demais. Lesões que acabam com carreiras. Livros apressados demais. Más decisões tomadas sob pressão. Dias perdidos devido a doenças evitáveis. Esgotamento.

Ou pior.

Ninguém trabalhou mais pelos Estados Unidos do que James Forrestal. Ele abandonou sua carreira em Wall Street duas vezes. Primeiro para se tornar piloto de caça na Primeira Guerra Mundial, e depois, em 1940, para ser secretário adjunto da Marinha. Essas decisões lhe custaram, literalmente, centenas de milhares de dólares em salários perdidos, mas ele foi em frente e revolucionou a Marinha, além da vitória na Segunda Guerra Mundial como resultado. Eisenhower e MacArthur não teriam tido sucesso se não fosse pelos esforços incansáveis de James Forrestal.

Após a guerra, ele se tornou o primeiro secretário de Defesa dos Estados Unidos, encarregado de unificar as Forças Armadas em um único departamento. Era um trabalho de responsabilidades enormes e egos gigantescos que envolviam milhões de soldados, civis e quilômetros de oceano. Quem o observava percebia o preço que o trabalho cobrava dele, de seu casamento, de qualquer coisa parecida com uma vida fora do escritório. "Por que não vai para casa?", perguntou um assessor depois de encontrá-lo trabalhando até tarde mais uma vez. "Ir para casa? Para quê?", respondeu Forrestal.

Forrestal continuava trabalhando, trabalhando e trabalhando; mesmo quando começou a perder muito peso e sua pele se tornou pálida e flácida. Estava deprimido, insatisfeito e com dificuldades, mas continuava. Sua capacidade de tomada de decisão foi afetada. Ele quase nunca sorria. Sentia-se desvalorizado. Mesmo quando o tempo de seu cargo chegou ao fim, como acontece com todas as nomeações políticas, ele não conseguiu parar. Seguiu em frente.

Pouco depois acabou no hospital, onde tirou a própria vida ao pular de uma janela do corredor. Não sabemos quais foram suas últimas palavras, mas sabemos o que estava lendo, pois deixou uma página de Sófocles marcada, talvez como um trágico aviso para seus colegas viciados em trabalho e todos aqueles que têm dificuldade de *desligar*.

> *Desgastados pelo tempo perdido —*
> *Sem conforto, sem nome e sem esperança, exceto*
> *Na perspectiva escura da sepultura escancarada...*

Sim, o trabalho é importante. Sim, temos que nos movimentar. Sim, é graças a nossa motivação que nos tornamos bem-sucedidos, nosso amor pelo jogo é o que nos trouxe até esse ponto. Mas, sem a capacidade de controlar isso, não vamos durar. Não queremos apenas ser rápidos e fortes no presente. Queremos ser rápidos e fortes por muito tempo.

Queremos *continuar* ganhando, mas nada fora do controle dura muito tempo. Ninguém sem capacidade de se autogerir está qualificado para gerir outras coisas. Isso inclui não apenas se convencer a continuar em movimento, mas descansar, encontrar equilíbrio, ouvir seu corpo quando ele diz: "Estou prestes a desabar!"

Goethe dizia que a atividade absoluta, de qualquer tipo, leva à falência.

Até o grande Lou Gehrig sabia disso. Ele teve a sequência de jogos mais longa no beisebol, mas, em muitas ocasiões, se sentisse o desempenho prejudicado no meio do jogo, ele se retirava e pedia um rebatedor substituto. Seus treinadores também sabiam disso. Todo mundo entendeu quando disseram que iam "cancelar o jogo por causa da chuva" em um dia sem nuvens no Polo Grounds. Era para que Lou pudesse ter um dia para se recuperar. Também havia o período fora de temporada, uma característica da vida atlética que nós, em outras profissões, deveríamos considerar adotar.

Ninguém é invencível. Ninguém consegue continuar avançando para sempre.

Todos podemos acabar como James Forrestal. Até o ferro um dia quebra ou se desgasta.

Você quer que as pessoas olhem para você daqui a alguns anos, quando você se transformar em uma pálida lembrança do que costumava ser, e pensem *no que poderia ter sido*?

Se tivesse se mantido saudável, se tivesse sobrado algum combustível no seu tanque, se não tivesse desperdiçado todo o potencial...

Para durar, para ser grande, é preciso aprender a descansar. Não apenas descansar, mas relaxar e se divertir. (Afinal, que tipo de sucesso é esse se você *nunca* dá um tempo?)

A maneira mais infalível de se tornar mais frágil, de acabar com sua carreira, é ser indisciplinado em relação ao descanso e à recuperação, esforçar-se demais, rápido demais, treinar demais e buscar a falsa economia do trabalhar demais.

Administre a carga.

DORMIR É UM ATO DE CARÁTER

~

Em 1956, na noite anterior à luta contra Archie Moore pelo título, Floyd Patterson executou a parte mais importante de seu plano de treinamento.

Não foi um condicionamento de última hora ou mais uma revisão do plano de luta.

Ele foi dormir.

Não se tratou de um cochilinho, e, sim, de *onze horas e meia*, acordando a tempo para a pesagem matinal. Mais tarde, antes de sair para a arena, tirou uma soneca de três horas. Depois cochilou no camarim antes de entrar no ringue, onde nocauteou o campeão exausto no quinto round.

Quando se está prestes a enfrentar um dos melhores boxeadores de todos os tempos, é melhor estar bem descansado. Quando se treina tanto quanto Patterson, é melhor garantir um tempo para o corpo se recuperar. Todo mundo estava nervoso. Todo mundo estava passando e repassando os planos.

Mas Patterson dormia. Não porque não se importasse, mas porque era quem mais se importava. Embora a capacidade de adormecer rápido e descansar possa não parecer uma questão de disciplina, é bastante. Na verdade, nas Forças Armadas, hoje se fala de "disciplina do sono".

É algo que você não apenas deve fazer, mas que precisa impor a si mesmo, tanto em termos de quantidade como de qualidade. Quanto maiores os riscos, mais motivado você está, mais estressante é a situação... mais disciplina o sono exige.

Na década de 1990, no Golfo Pérsico, o futuro almirante de quatro estrelas James Stavridis acabara de receber o comando de um navio pela primeira vez. Ocorreu no mesmo instante em que ele notou, aos 38 anos, que seu metabolismo natural e sua capacidade infinitamente jovem de agir haviam começado a declinar. Você não precisa ser a pessoa mais autoconsciente do planeta para perceber que, quando está cansado, toma decisões piores, é menos capaz de cooperar com outras pessoas e tem menos domínio de si mesmo e de suas emoções. Ainda assim, foi uma inovação considerável o fato de Stavridis decidir tratar o sono como uma parte tão importante de um navio de guerra em funcionamento quanto seus sistemas de armas.

Assim, ele começou a monitorar os ciclos de sono da tripulação, moderar as tarefas de vigilância e incentivar cochilos sempre que possível. "Cuidar da saúde física", escreveria mais tarde, referindo-se especificamente ao sono, "é um *ato de caráter* e pode nos ajudar muito a ter um ótimo desempenho".

Nossos momentos de desempenho máximo quase nunca acontecem quando estamos exaustos, esgotados, com os olhos turvos e dependentes de cafeína. E, mesmo que às vezes aconteçam, não deveriam *precisar* acontecer.

Acordar cedo para aproveitar aquelas poucas horas antes do amanhecer, antes dos ruídos, é importante. Mas Toni Morrison não teria conseguido isso (nem teria muito sentido) se ela tivesse ficado acordada até tarde na noite anterior vendo televisão, distraída. Imagine como as manhãs de Hemingway teriam sido muito mais brilhantes, se não fossem as ressacas tão frequentes. Sem dúvida, o debate de Marco Aurélio consigo mesmo sobre dever ou não ficar debaixo das cobertas teria um significado diferente se ele tivesse ido para a cama poucas horas antes.

Estamos em casa, exaustos após um longo dia. Fizemos o jantar. Nos exercitamos. Colocamos as crianças na cama. Conferimos a caixa de entrada do e-mail. Nos sentimos tão exaustos que parece que tudo o que conseguimos fazer é relaxar no sofá... quando, na verdade, precisamos de um empurrão final de disciplina: levantar, caminhar até o quarto e dormir de verdade.

Esse ímpeto resolverá muitos dos seus problemas. Se você está cansado, não quer se exercitar. Se está cansado, procrastina. Se está cansado, *precisa* daquele café e toma aquele remédio. Se está cansado, toma decisões ruins, que consomem horas e horas de trabalho que deveriam ser gastas nas tarefas importantes.

Dizemos "Não sou uma pessoa da manhã", mas, na verdade, é provável que sejamos apenas pessoas irresponsáveis e indisciplinadas. A melhor maneira de dominar a manhã é ter dominado a noite anterior. Assim como qualquer um que já ensinou um bebê a dormir aprende, sono gera sono. Da mesma forma, disciplina gera disciplina.*

Quem dorme cedo acorda cedo.

"Debaixo dos cobertores, não há caminho para a fama", disse Dante sobre a manhã... e, ainda assim, paradoxalmente, ir para debaixo dos cobertores de maneira constante, razoável e sem atraso é o caminho para a fama. Ou, pelo menos, para um bom desempenho depois de saltar da cama e sair pela porta.

Quer pensar com clareza amanhã? Quer lidar bem com as pequenas coisas? Quer ter energia para se movimentar?

Vá dormir.

Não apenas porque sua saúde depende disso, mas porque é um ato de caráter do qual todas as nossas outras decisões e ações se beneficiam.

---

* É sobre "aprender a dormir". Não é algo que fazemos naturalmente. É preciso dedicação, prática e comprometimento.

QUANTO VOCÊ CONSEGUE SUPORTAR?

~

No inverno de 1915, a expedição ártica de Ernest Shackleton ficou presa no gelo. Por quase um ano, a tripulação vagou à deriva, pois nada havia a fazer para mudar a situação. De repente, a pressão do gelo rachou o casco do navio, que afundou. Depois de 560 quilômetros desesperados nos botes salva-vidas, enfim pisaram em terra firme, na inabitável ilha Elefante, pela primeira vez em dezoito meses.

No entanto, a provação física não estava nem perto de terminar. Na verdade, havia apenas começado.

Com pouca probabilidade de navios passarem pela remota ilha, escassez de comida e ânimos diminuindo, Shackleton propôs um plano ousado: ele e alguns homens viajariam mais de 1.100 quilômetros em busca de ajuda.

Com suprimento para poucas semanas, ele e sua pequena tripulação enfrentaram ventos com a força de um furacão e o mar aberto em um barco de seis metros. Pense no corpo dele lutando contra as intempéries, a fome a roer os ossos, a dor nos músculos. Em abril de 1916, ao chegar ao sul da Georgia, estava a salvo.

Mas Shackleton sabia que a missão estava apenas na metade. Ciente de que seus homens tinham pouquíssimo tempo, reuniu toda a força e energia que lhe restavam e apressou-se para levantar fundos e suprimentos para retornar à ilha Elefante e resgatar os companheiros que deixara lá.

Depois de quatro meses e várias tentativas desesperadas, ele conseguiu e levou todos os tripulantes para casa vivos.

Como conseguiu? Como não apenas sobreviveu, mas emergiu inteiro e destemido da experiência? O lema de sua família era: *Fortitudine vincimus*. Pela resistência, conquistamos. Apropriadamente, seu navio se chamava *Resistência*.

Mas imagine aqueles longos meses de inverno. Imagine tantos dias no mar. Ele precisou enfrentar aquilo. Não desistiu. Nunca deixou o corpo desistir. Correu maratona atrás de maratona. Não apenas sabia quais eram seus deveres como capitão, como também era forte fisicamente e tinha a determinação para cumpri-los, apesar de todos os obstáculos concebíveis.

Já nós, ficamos cansados porque precisamos fazer horas extras no escritório. Nos ressentimos do fato de nosso treinador nos submeter a uma rodada extra de exercícios. Em vez de querer que tudo seja fácil, você deve se preparar para que a realidade seja difícil.

Porque será!

Há uma antiga palavra alemã, *sitzfleisch*, que significa, basicamente, sentar a bunda na cadeira e não se levantar até que a tarefa seja concluída. Mesmo que sua bunda fique dormente, mesmo que, um a um, todos ao redor encerrem as atividades. Marque presença, dia após dia, até sentir dor nas costas, os olhos lacrimejarem e seus membros virarem mingau.

Muitos grandes conquistadores dos tempos das cavalgadas eram chamados de "bundas de ferro" por sua capacidade de permanecer na sela.

É uma virtude que falta a muitos de nós. Achamos que podemos compensá-la com brilhantismo ou criatividade, mas precisamos mesmo é de comprometimento. Precisamos da disposição de colocar nosso corpo onde está o problema e nos lançarmos por inteiro à sua resolução. Mostrar que não vamos desistir, que não seremos dissuadidos.

Quase todos os grandes líderes, atletas e filósofos têm sido fortes. São capazes de suportar. É o que precisamos: fazer sacrifícios. Vencer as frustrações. Vencer as críticas e a solidão. Vencer a dor.

Em seu laboratório, Edison testou seis mil filamentos, um a um, até encontrar o que nos trouxe a luz. Toni Morrison acordava cedo todas as manhãs, mesmo quando estava cansada, e se sentava na cadeira, o sol nascendo no fundo. Shackleton se recusou a abandonar suas responsabilidades, recusou-se a parar, até levar todos os seus homens para casa.

Franklin Delano Roosevelt enfrentou sete anos de sessões dolorosas de fisioterapia e exercícios para se recuperar da poliomielite... e até cruzar um corredor ou subir em um pódio era uma façanha árdua quando ele já estava bem. Pense em Roosevelt, atingido no auge da vida por um vírus que o deixou paralisado da cintura para baixo para sempre. Churchill, ao escrever sobre Roosevelt antes do início da guerra, detalharia a incrível perseverança que sua recuperação de sete anos exigira:

> *Seus membros inferiores se recusavam a se mexer. Ele necessitava de muletas ou da ajuda de alguém para fazer qualquer movimento de um lugar para o outro. Para 99 de cada 100 homens, tal aflição teria encerrado todas as formas de serviço público, exceto as da mente. Mas Roosevelt se recusou a aceitar essa sentença.*

Ele se recusou a aceitar a sentença, a deixar o corpo decidir quem estava no comando.

Assim, Churchill não ficou surpreso ao ver a coragem com que Roosevelt enfrentou a Grande Depressão e o "turbilhão da política americana em uma década em que eles foram excepcionalmente obscurecidos por todos os crimes hediondos e corrupção do gangsterismo que se seguiram à Lei Seca". Sua energia e seu entusiasmo na Segunda Guerra Mundial também se deveram a isso.

Mas nós estamos prontos para desistir na primeira ocasião em que somos rejeitados. Consideramos um crime contra a humanidade que a profissão exija mais de quarenta horas semanais. Fechamos empresas após um período de poucas vendas. Declaramos a recuperação impossível após uma lesão. Damos ouvidos quando nos dizem que não somos grandes o suficiente, bonitos o suficiente, talentosos o suficiente. Olhamos para o placar e acreditamos que não há esperança.

Será que a resistência sempre vence?

Óbvio que não, mas ninguém ganha jogando a toalha. Ninguém ganha com fraqueza.

Sentiremos dor ao longo da jornada, é um fato. Teremos um milhão de oportunidades de parar e um milhão de razões pelas quais fazer isso.

Mas não podemos. E não faremos.

Continuamos.

Sentamos a bunda na cadeira.

Não vamos ser dissuadidos.

PARA ALÉM DO CORPO

~

"Aqueles que pensam que podem ter uma vida espiritual elevada com os corpos cheios de ócio e luxo estão enganados."

TOLSTÓI

Somos seres mortais. Isso é importante não apenas porque significa que todos vamos morrer, mas porque, para viver, devemos fazer certas coisas: comer, dormir e nos movimentar. E, sem dúvida, quanto melhor o fizermos e quanto melhor cuidarmos de nosso corpo, mais estaremos em forma.

É importante entender que a temperança não é uma vida sem prazer. Na verdade, uma das principais razões pelas quais praticamos a autodisciplina é para poder viver mais, ou, pelo menos, uma vez que essa parte está fora de nosso controle — como ilustra o trágico caso de Lou Gehrig —, para podermos viver bem enquanto estivermos vivos.

"As pessoas pagam pelo que fazem", apontou o escritor James Baldwin, "e ainda mais pelo que se permitiram se tornar. E pagam por isso de uma forma simples: com a vida que levam".

O fato é que *o corpo mantém um registro.*

As decisões que tomamos hoje sempre estão sendo gravadas, dia a dia, de maneira silenciosa e não tão silenciosa, em quem somos, na nossa aparência e em como nos sentimos.

Você está tomando boas decisões? Está no controle... ou é seu corpo que está?

É importante não apenas para a questão física, mas para a mental e espiritual. A temperança no corpo afeta a mente e, da mesma maneira, a intemperança e o excesso impedem fisicamente a mente de funcionar como deveria. A neurocientista Lisa Feldman Barrett explicou em termos de um *orçamento corporal*: o cérebro regula o corpo, mas, se estivermos fisicamente em ruínas, o cérebro não tem como fazer seu trabalho.

Se você se pergunta por que as pessoas tomam decisões ruins, por que não são resilientes, por que se distraem, por que têm medo, por que são dominadas por emoções extremas, por que *você* faz tudo isso, a resposta é: tudo começa com o corpo.

Em círculos de viciados, usa-se a sigla em inglês HALT (*Hungry, Angry, Lonely, Tired* [Fome, Raiva, Solidão e Cansaço]) como uma rubrica de alerta útil para os sinais e gatilhos de uma recaída. Precisamos ter cuidado e estar no controle, ou corremos o risco de perder tudo.

Quando falamos de temperança e autodisciplina, estamos nos referindo a uma pessoa que tem a si mesma sob controle. O corpo é o primeiro passo nessa jornada.

Nós o tratamos com rigor. Nós o contemos. Nós o dominamos. Nós o encaramos como um templo.

Por quê?

Para que não invada nem se sobreponha à mente. Para que não prive a mente.

Nesse sentido, devemos nos conter fisicamente... para nos libertarmos mental e espiritualmente.

Ninguém que seja escravo de seus impulsos ou da preguiça, ninguém sem força ou uma boa rotina, pode ter uma boa vida. Com certeza, pessoas assim estarão consumidas demais por si mesmas para serem de muita utilidade para qualquer outro. Aqueles que dizem a si mesmos que são livres para fazer tudo que quiserem, inevitavelmente, terminarão acorrentados.

A disciplina é o que nos liberta. É a chave que abre as correntes. É como nos salvamos.

Escolhemos o caminho mais difícil... porque, a longo prazo, é o único possível.

PARTE II
O DOMÍNIO INTERIOR (O TEMPERAMENTO)

"Que homem é feliz? Aquele que tem um corpo saudável, uma mente engenhosa e uma natureza dócil."

TALES

O corpo é apenas um veículo para a autodisciplina. A história está repleta de pessoas talentosas — atletas, artistas, executivos — que tinham domínio total de sua forma física, mas eram uma bagunça profunda em todos os outros aspectos. Não importa quanta disciplina exerçamos sobre o que comemos ou quando acordamos se nos distraímos por qualquer coisa e estamos à mercê de predisposições e mau humor, entregues à tentação, aos impulsos ou ao instinto. Não é um jeito aceitável de viver. Na verdade, essa intemperança nos condena a nunca atingir todo nosso potencial e a levarmos uma vida inteira de arrependimento e miséria. O verdadeiro autocontrole significa moderação não apenas no que *fazemos*, mas em como pensamos, sentimos e nos comportamos em um mundo de caos e confusão. Na verdade, essas características são mais importantes. Certa vez, um observador de Franklin Delano Roosevelt brincou dizendo que o homem tinha um "intelecto de segunda classe e um temperamento de primeira". Considerando o que a doença tirou do corpo de Roosevelt, a veracidade da observação é ainda mais ilustrativa: *temperamento é tudo*.

Nossa cabeça e nosso coração se combinam para formar uma espécie de sistema de comando que rege a vida. Esses dons levaram milhões de anos de evolução para se aperfeiçoarem. Vamos usá-los como ferramentas? Ou vamos deixá-los definharem e nos permitir sermos manipulados como marionetes? Você decide.

DOMINE A SI MESMO

~

Podemos afirmar que aquilo fazia parte dela desde o início. Churchill com certeza previu isso.

Ao conhecer o bebê que se tornaria a grande rainha Elizabeth II, a monarca mais longeva da Grã-Bretanha, ele observou: "Tem um ar de autoridade e reflexão impressionante para uma criança."

Mas o trono estava a cerca de duas décadas e meia no futuro, depois de uma guerra mundial e uma crise de abdicação. Naquele dia, o que Churchill sentiu foram os indícios do temperamento que deu origem a uma vida incrível de autocontrole, serviço e perseverança. Uma disciplina mental e emocional que raramente foi vista, antes ou depois, nos salões dos grandes palácios, em especial em jovens de 25 anos que de repente se tornaram imperatrizes ou imperadores.

Queremos pensar nos líderes como ousados e impetuosos, carismáticos e inspiradores. Esperamos que sejam ambiciosos, até desculpamos falhas trágicas ou vícios perturbadores, desde que estejam nos conquistando ou nos divertindo. Tudo isso, sem dúvida, os torna atraentes, mas será a receita certa para uma administração estável e sustentável? De uma nação, um negócio ou uma franquia esportiva? Mais importante: é a única maneira?

Platão tinha em mente um ideal diferente. Pedia um monarca que fosse "jovem e possuidor por natureza de boa memória, inteligência rápida, coragem e postura nobre; e permitir que essa qualidade... [temperança] seja o acompanhamento necessário de todas as partes da virtude e atenda também à alma de nosso monarca, se o restante de suas qualidades tiver algum valor".

Nascida em 1926, Elizabeth tinha sangue real, mas seu caminho não era bem delineado nem havia expectativa de poder. Sem dúvida, poucos consideravam que cumpria o ideal do antigo filósofo. Era filha do segundo filho do rei George V. Foi somente após a decisão precipitada de seu tio Edward VIII de se afastar da coroa para se casar com uma simpatizante nazista, divorciada duas vezes, e depois da morte prematura de seu pai, que o destino de Elizabeth foi traçado.

Fosse lá o que Churchill tivesse visto nela quando criança, fosse lá o que Platão esperasse, ela teria que cultivar. Só assim conseguiria se transformar na rainha Elizabeth, uma das figuras mais admiradas e resilientes do planeta.

Desde o dia da coroação, Elizabeth *reinaria, mas não governaria*, como diz a expressão, exercendo com perfeita graça um trabalho único e terrível. O que faz o soberano britânico moderno? É difícil dizer. É mais fácil listar tudo que ele não pode fazer. Não pode aprovar leis. Não pode escolher quem lidera o governo. Não pode começar guerras. Nem sequer deveria se pronunciar sobre questões de política. No entanto, a ironia dessa impotência é todo o poder necessário para exercê-la: a rainha foi devidamente informada de todas as ações e os problemas dentro do Reino Unido por setenta anos na forma de despachos diários e conferências semanais com o primeiro-ministro. Ao mesmo tempo, ela não teve permissão para agir livremente com base em nenhuma dessas informações. Não pôde, *de jeito nenhum*, envolver-se nos assuntos de Estado... que são todos levados a cabo, literalmente, em seu nome!

Foi isso mesmo que Elizabeth conseguiu fazer com uma dignidade quase sobre-humana durante um período no qual houve quinze primeiros-ministros, catorze presidentes dos Estados Unidos e sete papas. Em seu 21º aniversário, em 1947, a futura rainha detalharia seu compromisso com essa ideia no famoso discurso de rádio, ao dizer ao povo do que então era chamado de Império Britânico: "Declaro, diante de todos, que toda a minha vida, seja longa ou curta, será dedicada ao seu serviço e ao serviço da grande família imperial à qual todos pertencemos."

Alguns anos depois, expressaria seu senso de dever e sua posição de forma mais explícita: "Não posso conduzi-los à batalha, não lhes dou leis nem administro a justiça, mas posso fazer outra coisa, posso dar meu coração e minha devoção a essas antigas ilhas e a todos os povos de nossa irmandade de nações."

Será que ela fazia alguma ideia de quanto tempo esse serviço duraria? De tudo que esse compromisso tiraria dela? O que exigiria? Quanta coragem e inteligência foram necessárias?

Lou Gehrig é um herói por sua sequência de 2.130 jogos disputados pelos Yankees. A rainha Elizabeth trabalhou todos os dias por quase sete décadas! Para ela, todos os dias foram dia de jogo, cerca de 25 mil dias seguidos. A monarca visitou mais de 126 nações. Em 1953, em uma única viagem real, percorreu mais de 64 mil quilômetros, muitos dos quais de barco. Apertou treze mil mãos e recebeu dezenas de milhares de saudações e reverências. Fez e ouviu mais de quatrocentos discursos. E essa foi apenas uma das mais de cem viagens reais durante seu reinado. Ao todo, ela se deslocou por mais de um milhão de milhas náuticas, e, muitas vezes, por ar. Conheceu mais de quatro milhões de indivíduos (pessoalmente, recebeu mais de dois milhões só para tomar chá) e concedeu mais de cem mil prêmios. Talvez o mais impressionante seja que, em centenas de milhares de compromissos, eventos, aparições e refeições, muitas vezes precedidos por viagens de longa distância e mudanças de fuso horário, ela adormeceu em público uma única vez... em uma palestra sobre o uso de ímãs em biologia e na medicina, em 2004.*

Nem é preciso dizer que os deveres regulares da rainha exigiram imensa disciplina física. "Está cansado, general?", perguntou ela certa vez a um oficial visivelmente abatido que a acompanhava em uma visita oficial. "Não, senhora", respondeu ele. "Então tire

---

* O ano em que ela completou 78 anos de idade.

as mãos dos bolsos e endireite a postura", rebateu ela do alto de seu 1,63 metro. Auxiliares observaram que a rainha era forte como um iaque e capaz de suportar longos períodos em pé, mesmo na velhice. Harold Macmillan, seu terceiro primeiro-ministro, certa vez afirmou que a rainha tinha "o coração e o estômago de um homem", o que é absurdo, porque nem mesmo Lou Gehrig poderia suportar sua agenda de viagens.

Mas essa maravilha esconde o que estava por trás das proezas físicas: a disciplina mental e emocional que ela colocava em prática silenciosamente. Por exemplo, comenta-se que a rainha nunca foi vista transpirando. Isso só tornava suas maratonas de aparições mais impressionantes. Sua postura e serenidade esconderam de nós o verdadeiro esforço que ela fazia.

Como ela conseguiu? Em uma visita aos Estados Unidos, durante o primeiro governo Bush, um oficial norte-americano encontrou a rainha por acidente em um momento de preparação silenciosa para o que seria um dia muito longo. "Ela estava parada, imóvel. Era como se estivesse olhando para dentro, preparando-se... Era assim que recarregava as baterias. Não havia bate-papo. Ela ficava imóvel e à espera, descansando por dentro", explicou ele.

Ao longo dos anos, a rainha também inovou de forma a tornar as longas obrigações mais palatáveis. Afinal, qual é o motivo de se preocupar se não for preciso? Ela gastou em média quatro segundos conhecendo cada pessoa. Removeu pratos desnecessários dos jantares. Certificou-se de que os discursos ocorressem depois da refeição, e não antes, para que fosse possível encerrar e sair discretamente. Para os assessores de imprensa do palácio, ela ficou conhecida como "One-Take Windsor" [a Windsor de uma só tomada], porque, embora nunca se apressasse, pensava no que queria fazer e então acertava de primeira.

Como dizem, trabalhe da forma mais inteligente, e não da mais difícil.

Disciplina não é apenas resistência e força. É encontrar a melhor e mais econômica maneira de fazer algo. É o compromisso de evoluir e melhorar para fazer as tarefas de modo cada vez mais eficiente. Um verdadeiro mestre não apenas domina sua profissão, também a exerce com facilidade... enquanto todo mundo se esforça e bufa. Depois de um complicado encontro social, a rainha foi elogiada por ser "muito profissional". "Eu preciso ser", disse ela, sem se impressionar com o comentário, "considerando o tempo que venho fazendo isso". "Não se preocupe com a rainha", garantiu um assessor a um diplomata a respeito de um longo evento, "ela treinou para oito horas". Na verdade, Elizabeth foi uma profissional forte o suficiente para aguentar por *oitenta anos*.

O britânico tenso, aquele que consegue "manter a calma e seguir em frente" de maneira tão sobrenatural, tornou-se uma espécie de clichê com o passar do tempo. Embora seja sempre complicado aplicar um estereótipo a uma população heterogênea, não há dúvida de que a rainha personificou esse ideal ao manter o equilíbrio, independentemente das circunstâncias. Em 1964, suportou com serenidade e calma um violento motim antimonárquico no Quebec. Em 1981, andava a cavalo quando um atirador passou e disparou seis tiros, a que a rainha reagiu com um mero vacilo. Em 1966, um bloco espesso de cimento atingiu o teto do carro real. "É um carro forte", afirmou ela, fazendo pouco caso do ocorrido. Em 1982, um intruso enlouquecido entrou em seu quarto, sangrando após ter quebrado uma janela. Acordada de um sono profundo, ela poderia ter gritado ou saído correndo, mas entreteve educadamente o homem até ter a chance de chamar os seguranças.

Mas sua grandeza foi maior do que a resistência estoica. A rainha foi uma mulher animada e habilidosa que conseguiu prosperar em uma posição que, em geral, traz à tona o pior das pessoas que a ocupam. Embora poucos se refiram a Elizabeth como uma intelectual (muitos se referiam a ela com desdém como "uma mulher do campo com inteligência limitada"), na verdade, seu brilhantismo silencioso foi, em si, uma amostra de sua autodisciplina.

Desde cedo, seu pai a introduziu aos negócios do Estado e a tratou como igual. A partir da adolescência, foi aconselhada por

Churchill e recebeu aulas duas vezes por semana, durante seis anos, de um dos maiores especialistas constitucionais da Inglaterra. A rainha, sem dúvida, sempre soube mais do que disse. Em quase todos os casos, foi mais experiente e entendeu a história melhor do que o primeiro-ministro explicava durante a audiência semanal. No entanto, eram eles que falavam, e ela que escutava. A rainha aceitava o fato de ser subestimada. Foi paciente, pois sabia que acabaria sendo justificada.

Inteligente? No topo, a disciplina é uma mercadoria muito mais rara do que o brilhantismo.

O temperamento pode ser menos carismático, mas *sobrevive*. *Estabiliza*.

Ainda assim, ela ficou famosa por ler todos os despachos da "caixa vermelha", onde os documentos ministeriais mais importantes eram depositados. Muitos eram chatos, e outros, incrivelmente complexos. Elizabeth lia seis jornais todas as manhãs, embora ninguém a obrigasse e jamais a questionasse sobre o conteúdo. Poderia ter pedido breves resumos. Poderia ter lido por alto. Mas não fazia isso. Mesmo que suas oportunidades de usar esse conhecimento fossem constitucionalmente limitadas, ela o adquiria. Por quê? Porque era a maneira mais segura de cumprir seu dever.

Na verdade, para a rainha, havia apenas um caminho para sugerir mudanças e, de maneira judiciosa e contida, ela o usou: fazendo perguntas. Se estava preocupada com algo ou se opusesse a um tópico, solicitava mais informações além do que encontrava na caixa vermelha ou na imprensa. Ocasionalmente, repetidas vezes, até que, por fim, o problema em potencial se tornasse claro para os formuladores de políticas relevantes. Ela não dizia com todas as palavras o que achava que devia ser feito, mas, com o tempo, ficava evidente.

"Ela é brilhante em sua quietude", observou um secretário de imprensa. "Em um mundo muito barulhento, onde as pessoas sempre querem se expressar ou reagir de forma exagerada, o que a rainha fez foi o oposto." Ela não pôde ter opiniões políticas, mas fez algo que a maioria dos líderes mundiais, assim como as pessoas comuns, é incapaz de fazer: abster-se de expressar opiniões sobre o que está além de seu controle.

Pode-se dizer que Elizabeth foi uma estudante vitalícia do comportamento humano. Em vez de se frustrar com as limitações e obrigações da sua posição, a rainha encontrou liberdade e canalizou sua energia para fins produtivos. Os assessores podiam achar algum evento chato. A rainha, por outro lado, sempre encontrava algo interessante. "Você sabia que o pai daquele sujeito era filho do criado do meu pai?", dizia ela, entusiasmada, depois de um longo jantar. "Reparou as meias vermelhas do homem?", perguntaria depois de um evento público. "Por que havia um diretor de música extra na galeria?", indagaria após um concerto ao perceber algo que até sua equipe de segurança havia deixado passar. "O que aconteceu com o soldado?", perguntaria sobre um jovem que cortara a mão com uma baioneta, e o comandante dele, que se considerava importante demais para se preocupar com aquilo, não teria uma resposta.

Uma mente fraca deve ser entretida e estimulada. Uma mente forte se ocupa por si só e, mais importante, fica quieta e vigilante em momentos que o exigem.

De tudo o que a rainha suportou, é possível pensar que, como tradicionalista na mais tradicional das profissões, ela foi pelo menos protegida da mudança. Na verdade, a mudança foi o maior e mais contínuo desafio de sua vida. Para começar, a maioria das nações de hoje *não existia* quando ela nasceu. O mundo literalmente se refez durante seu reinado. O trabalho dela foi preservar sua instituição e, ao mesmo tempo, adaptá-la a um futuro em rápida mudança. Dizem que ela foi o último bastião das normas, mas quase todas essas normas foram reavaliadas, ajustadas e repensadas ao longo dos anos. Em alguns casos, muitas vezes.

"A mudança se tornou uma constante", disse ela. "Gerenciá-la se tornou uma disciplina em expansão." Talvez seja por esse motivo que, como parte dessa disciplina, a Casa Real tenha adotado, como uma espécie de lema, uma citação do autor Giuseppe Tomasi di Lampedusa: "É preciso mudar para que tudo siga igual."

Precisamos entender que autodisciplina não é agarrar-se com mãos de ferro para manter tudo exatamente como é. Não se trata de resistência a tudo e todos. Tampouco seria necessária muita disciplina em um mundo que sempre permanecesse o mesmo. A temperança é, também, a capacidade de se ajustar, de resolver qualquer situação, de encontrar a oportunidade de crescer e melhorar em qualquer ocasião. E de ser capaz de fazê-lo com serenidade e equilíbrio, até com iniciativa e alegria. Afinal, que outra escolha temos?

Talvez a mudança mais interessante e simbólica do reinado de Elizabeth tenha sido sua decisão, em 1993, de tributar... a si mesma!* Se disciplina tem a ver com responsabilizar-se, talvez não haja melhor exemplo do que a decisão de um monarca de propor que seu próprio governo tribute sua propriedade e renda, apesar da objeção do primeiro-ministro.

Mas isso não significa que *tudo* esteja passível de mudanças.

"Melhor não" é uma frase popular dentro do palácio. Algo como: "Não vamos exagerar", "Não vamos nos apressar", "Não vamos consertar o que não está quebrado" ou "Vamos fazer tudo, inclusive a mudança, aos poucos".

Isso se estendeu à sua considerável riqueza e fama. Elizabeth não foi uma asceta, afinal, morou em um castelo. O destino deu um a ela, então por que não o aproveitar? Dentro dos limites, é perfeitamente possível para uma pessoa disciplinada.

Embora seja mais fácil do que ser oprimido pela pobreza, navegar pela abundância não deixa de ser um desafio. Para administrá-la, a rainha precisou viver de acordo com um código, um senso

---

* Também podemos concordar que, dadas as origens coloniais de sua vasta fortuna, esses impostos e suas consideráveis doações para caridade são *o mínimo* que a família real poderia fazer.

de dever. "Eu, como a rainha Vitória, sempre acreditei na antiga máxima 'moderação em todas as coisas'", afirmou. Os membros mais jovens da família tiveram dificuldade com esse tipo de autocontrole, rebelaram-se contra ele, e, em alguns casos preocupantes, abdicaram até de seus deveres básicos como seres humanos. Nem todos entendem que não se pode fazer tudo o que se deseja, que algumas coisas não são negociáveis, que o outro lado do privilégio é o dever e que o poder deve ser complementado pela moderação. E o comportamento vergonhoso deles nos lembra das consequências.

É fácil ficar animado. É fácil expressar uma preferência. Também é fácil ser um caos. Entregar-se ao capricho, à emoção ou mesmo à ambição. Mas manter-se sob controle? Manter-se dentro dos padrões? Em especial quando há a oportunidade de "se safar"? "Não é muito melhor ter autocontrole e moderação em todas as ações do que ser capaz de dizer o que se deve fazer?", diria Musônio Rufo na Roma Antiga. Como conselheiro de reis e das elites, ele compreendia que muitas pessoas são "mestres" de seu universo, embora careçam do poder mais importante que existe: o poder sobre suas próprias mentes, suas próprias ações e escolhas.

Ainda assim, é uma vida difícil. Imagine ser tão exigente como a rainha foi quando um redator de discurso lhe entregou um rascunho que começava com "Estou muito feliz por estar de volta a Birmingham", e se deu ao trabalho de riscar a palavra "muito" porque não era bem verdade, nem seria sincero... ou justo com todos os outros lugares que ela precisaria visitar (ou nunca visitaria).

Uma pessoa comum poderia se safar com um pequeno floreio retórico... mas você não é uma rainha se for comum.

É um equilíbrio difícil. Você é diferente de todos, mas precisa se relacionar com todos! Precisa ser acessível e estar acima de qualquer reprovação. Chefe de Estado e chefe da Igreja, moderna e atemporal... com todos de olho, atentos ao menor erro.

Isso significa que ela não se permitiu nenhuma emoção? Que a autodisciplina é uma supressão robótica do sentimento? Não.

Embora mantivesse altos padrões, a rainha era notavelmente tolerante com as quebras de protocolo — o fã que estendia a mão e a agarrava, o diplomata que se esquecia de fazer uma reverência. Dizem que era fácil conversar com ela, que deixava os outros à vontade em um piscar de olhos. Porque isso também faz parte do trabalho. Era difícil ser ela, mas ela não tornava aquilo difícil para os outros.

Elizabeth também recebeu muitas críticas, como todas as pessoas públicas devem esperar. Será que fugiu disso? Reclamou? Muito pelo contrário. Em 1992, um ano doloroso e difícil, que incluiu os divórcios de três de seus filhos, o lançamento de um livro de memórias escandalosas publicado por um dos divorciados e um incêndio no Castelo de Windsor (seu chamado *annus horribilis*), a rainha, ainda sentindo o cheiro da fumaça do incêndio, reservou um tempo para apontar que prestar contas à imprensa fazia parte de seu trabalho. "Não há dúvida", disse ela, "de que a crítica é boa para as pessoas e instituições que fazem parte da vida pública. Nenhuma instituição, cidade, monarquia, seja qual for, deve esperar estar livre do escrutínio daqueles que lhe dão sua lealdade e apoio, sem falar naqueles que não o fazem".

No entanto, ela também lembrou à imprensa britânica que há uma diferença entre responsabilidade e crueldade: "O escrutínio pode ser igualmente eficaz se levado a cabo com um toque de gentileza, bom humor e compreensão."

Ela tentava responder com cortesia mesmo quando a cortesia não era estendida em sua direção. Em 1957, quando foi alvo de um polêmico editorial que a criticava por estar em descompasso com seu tempo, pelo jeito afetado de falar e pela dependência de conselheiros, a rainha não se ofendeu. Na verdade, não deu qualquer atenção pública às críticas — mesmo quando a controvérsia cresceu tanto que seu autor, Lorde Altrincham, foi agredido nas ruas de Londres —, mas, no privado, de forma particular e sutil, abordou os comentários legítimos. Alguns notam que até seu sotaque mudou aos poucos, tornando-se menos pronunciado e aristocrático ao longo do tempo, um feito bastante impressionante, embora não reconhecido.

Ninguém dura muito se tem medo de mudar, e poucos são capazes de mudar se têm medo de receber críticas ou de cometer erros.

Elizabeth cumpriu uma quantidade considerável de deveres até a idade inacreditável de 96 anos. Serviu de forma eficaz e incansável como chefe de Estado de cerca de um sexto da superfície da Terra. Ela o fez sem escândalos pessoais de corrupção, sem casos amorosos, sem grandes deslizes.

Se existia alguém que merecia se aposentar, era ela. No entanto, a rainha continuava, cada vez melhor no trabalho mais difícil do mundo. Em 2013, os monarcas da Holanda, da Bélgica e do Catar abdicaram aos tronos. Um papa fez o mesmo. Para a rainha, era uma ideia impensável. "Ah, eu não posso. Vou continuar até o fim", afirmou. E assim o fez...

E você? Onde está sua disciplina? Sua postura e elegância sob pressão? *Você* está cansado? *Você* está passando por uma situação impossível? Pare com isso.

Houve muitos líderes com mais poder do que a rainha Elizabeth.

Poucos, no entanto, tiveram mais moderação. Houve muitos glutões, mas poucos tão silenciosamente gloriosos. Foram esse autocontrole e essa abnegação que fizeram dela uma governante da qual o povo se orgulhava. Que a salvaram de si mesma e das tentações do poder, além de ajudá-la a sobreviver não apenas a muitos tiranos, mas a muitas formas inteiras de tirania.

Devemos compreender que a grandeza não é apenas o que fazemos, mas também o que nos recusamos a fazer. É como suportamos as restrições de nosso mundo ou de nossa profissão, é o que somos capazes de fazer dentro das limitações... de modo criativo, consciente e calmo.

"A maioria das pessoas sai para trabalhar e volta para casa", refletiu a rainha certa vez, "e, nesta existência, o trabalho e a vida seguem juntos, porque não se pode separá-los".

É a melhor definição do caminho da temperança. Trata-se de algo que consome tudo em tempo integral.

É a jornada de uma vida, que se torna mais impressionante (e recompensadora) a cada momento que você persevera.

ENCARE TUDO ASSIM

George Washington presenciou muita coisa dar errado. Perdeu o pai aos onze anos. Participou da primeira batalha antes de completar vinte e dois anos, quando uma emboscada em um forte francês ao longo do rio Ohio desencadeou a Guerra Franco-Indígena. A Guerra Revolucionária, embora tenha terminado com uma vitória, foi, na realidade, uma série quase incessante de derrotas e reveses, de Long Island a Kips Bay, de White Plains a Fort Washington. Durante os nove anos da guerra, ele passou por uma dolorosa situação financeira e corria o risco constante de ouvir que sua amada Mount Vernon seria incendiada. Depois, enquanto o governo dos Estados Unidos colapsava, ele se envolveu no tumulto da vida política e, por fim, virou presidente, cargo no qual foi submetido a críticas da imprensa, subordinados difíceis e exigências dos eleitores.

Aos vinte e seis anos, Washington assistiu a uma peça sobre os estoicos. Ouviu uma frase que se transformaria em seu mantra de vida, repetindo-a a si mesmo em todas as situações estressantes e desafiadoras, fosse um revés no campo de batalha ou nas lutas internas entre os membros de seu gabinete: "... à luz calma da filosofia branda."

Foi à luz calma e branda que Washington cuidou do fato de que um de seus generais o estava caluniando pelas costas. Foi à luz calma e branda que lidou com a triste constatação de que ele e a esposa não poderiam ter filhos. Foi à luz calma e branda que tratou de um conluio de oficiais que ameaçaram motim contra o novo governo norte-americano, dissuadindo-os da traição de modo lento e magistral.

Apenas em junho de 1797, Washington se viu escrevendo esse lembrete em três cartas distintas ao tentar impedir a si mesmo de tomar decisões precipitadas ou perder o controle das emoções. Em vez disso, olhou para a situação com o temperamento adequado ao *pai de um país*.

Porque, como acontece com todos nós, essa não era sua disposição natural.

Washington não estava isento, disse um amigo, das "emoções tumultuosas que acompanham a grandeza e frequentemente ofuscam seu brilho". Na verdade, combatê-las foi a primeira e duradoura batalha de sua vida. Foi também, disse o homem no elogio fúnebre ao amigo, a vitória mais impressionante de Washington, "o império que ele havia adquirido era tão grande, que a calma nas maneiras e condutas o distinguiu por toda a vida".

Na década de 1790, o pintor Gilbert Stuart passou muitas horas com Washington enquanto trabalhava em um retrato do general. O que encontrou foi um homem feroz, determinado e intenso. À medida que o estudava, Stuart podia sentir essas emoções tumultuosas, mas ficou impressionado com a maneira como o "julgamento e o grande autocontrole" de Washington as subjugavam. Por isso que tão poucos presenciaram seu mau temperamento. Washington não era um estoico por natureza, *ele se fez* assim. Não de modo permanente, mas a cada minuto, a cada dia, em cada situação, da melhor maneira possível.

Você acha que Washington não ficava frustrado ou sobrecarregado? Óbvio que ficava. Pense a que estava sujeito!

No entanto, de acordo com Thomas Jefferson, que muitas vezes brigava na arena pública com Washington, ele jamais agia "até que todas as circunstâncias e todas as considerações tivessem sido ponderadas com maturidade". Tinha as reações iniciais que todos temos, mas tentava repassar cada situação em busca de uma melhor perspectiva para explicá-la e entendê-la.

Sabemos que, entre cada estímulo e resposta, cada informação e decisão, existe um intervalo. É um momento breve, mas grande o suficiente para inserirmos nossa filosofia na situação. Vamos usá-lo? Para pensar, para examinar, para esperar obter mais informações? Ou cederemos às primeiras impressões, aos instintos nocivos e aos velhos padrões?

A pausa é tudo.

Aquela pausa antes de...

... tirar conclusões precipitadas;

... pré-julgar;

... assumir o pior;

... apressar-se para resolver os problemas de seus filhos por eles (ou mandá-los para cama);

... deixar o problema de lado;

... achar um culpado;

... ofender-se;

... afastar-se com medo.

Como comentamos, existe o eu superior e o eu inferior. Essa ideia se alinha aos dois tipos de processamento mental possíveis que os psicólogos chamam de "pensamento rápido" e "pensamento lento". O pensamento rápido é, muitas vezes, aquele usado pelo eu inferior. O instinto é o eu inferior (como a hesitação de Theodore Roosevelt em convidar Booker T. Washington para a Casa Branca por causa das consequências políticas que aquilo poderia acarretar). O pensamento lento é o do eu superior. Lento é o eu racional, filosófico e baseado em princípios. É pensar de verdade nas coisas e em quem queremos ser (compreender após refletir, como Roosevelt fez, que tal hesitação precisava ser superada).

Fazemos uma pausa. Ordenamos os pensamentos. Colocamos a questão em xeque. Perguntamos: "Isso é verdade? É realmente tão perturbador quanto parece? É tão assustador ou irritante quanto pensei no começo?"

Não deixe que o medo, a ansiedade e o preconceito decidam por você. Não deixe que seu humor tome as rédeas. Deixe seu temperamento assumir. Ou melhor, deixe o temperamento que você está *se esforçando* para ter, que sabe que sua posição exige, encarregue-se disso.

Um líder não pode tomar decisões por impulso; deve comandar a partir de uma posição mais racional e mais controlada. Isso não quer dizer que ele jamais será tentado, que não *tem* impulsos. Mas é disciplinado para não agir segundo eles. Não até que tenham sido postos à prova, examinados.

Quer estejamos falando de uma postagem nas redes sociais ou de um erro importante no trabalho, uma mentira óbvia com a qual alguém tenha tentado nos enganar, um funcionário insubordinado, um obstáculo difícil, uma insensibilidade fortuita ou um problema complexo, tudo deve ser enfrentado com um olhar medido e suave.

A vida vai jogar muita coisa em você, como aconteceu com Washington, Jefferson, Roosevelt e com todos os pais e pessoas que já existiram.

A questão é: como você vai encarar tudo isso? O quanto está no controle da perspectiva sob a qual deve examinar os eventos da vida?

Porque a resposta determina o que você vai fazer... e, mais importante, quem você será.

O MAIS IMPORTANTE É
O MAIS IMPORTANTE

~

Booker T. Washington era um homem ocupado. Dirigia o Tuskegee Institute, que ele mesmo havia fundado. Viajava constantemente para falar com multidões e encontrar doadores. Fez lobby com legisladores, deu palestras, liderou campanhas de arrecadação de fundos e publicou cinco livros. Como conseguiu?

Não foi apenas com resistência, movimento e energia. Foi também com a disciplina de dizer a temida palavra *não*.

"O número de pessoas que estão prontas para consumir o tempo de alguém sem propósito é quase infinito", afirmou ele.

Alguns o consideravam distante e outros, egoísta. Criticavam-no pelas costas.

Ele estava ocupado demais para notar. Sabia que a coisa mais importante da vida era saber que o mais importante *é o mais importante*. Em especial quando seu objetivo era criar mais oportunidades para todo um grupo social.

Mas o que é o mais importante para o restante de nós? Essa é a questão *mais importante*.

Se não sabe a resposta, como sabe para o que dizer sim ou não? Como sabe quando marcar presença? Quando acordar cedo? O que praticar? O que suportar? Você não sabe. Está improvisando. Fica vulnerável a todas as distrações chamativas e empolgantes que surgem no caminho, cada "Tenho uma ótima oportunidade para você", cada "Só vai levar um minuto", cada "Agradeço desde já", cada "Eu sei que você está ocupado, mas...".

"Qualquer um que não tenha preparado a própria vida para um fim definido não é capaz de organizar suas ações individuais de modo adequado", lembrou a si mesmo o escritor Michel de Montaigne. "Se não sabemos para onde navegamos", diziam os estoicos, "nenhum vento é favorável".

Isso significa, em primeiro lugar, a disciplina de dar um passo para trás e se perguntar: "O que estou fazendo? Quais são as minhas prioridades? Qual é a contribuição mais importante que dou... ao meu trabalho, a minha família, ao mundo?" Depois vem a disciplina para ignorar quase todo o resto.

Como Booker T. Washington tinha um forte senso de propósito — educar uma geração de homens e mulheres negros —, tinha a lucidez e a urgência de rejeitar tudo que consumia seu tempo em prol de outro propósito. Sem essa capacidade, teria sido comido vivo, como aconteceu com outras pessoas, e tido seu tempo e poder destruídos a cada pedido e distração.

"Gostaria de saber como pessoas que desempenham um trabalho bom e duradouro ainda mantêm alinhados todos os outros âmbitos da vida — sociais, econômicos etc.", admitiu John Steinbeck no meio da escrita de um romance. *Como?*

Elas não fazem isso!

É impossível estar comprometido com qualquer coisa — profissional ou pessoal — sem a disciplina de dizer "não" a tudo que é supérfluo.

Um pedido de entrevista. Uma presença constante nas redes sociais. Um jantar glamoroso. Uma viagem exótica. Um empreendimento paralelo lucrativo. Uma nova tendência empolgante. Ninguém está dizendo que essas coisas não são divertidas, que não existam benefícios em potencial. Mas tudo isso também carrega custos de oportunidade, exige recursos e energia que temos em quantidade limitada.

Em quase todos os campos, o segredo do sucesso é dedicar grandes e ininterruptos períodos de concentração. No entanto, quantas pessoas organizam seus dias e suas vidas para tornar isso possível? Depois se perguntam por que estão esgotadas, improdutivas, sobrecarregadas e sempre atrasadas.

Aqui está a lógica inescapável: cada "sim" acarreta um "não". Ninguém pode estar em dois lugares ao mesmo tempo. Ninguém pode se concentrar por inteiro em duas tarefas. Mas o poder dessa verdade também pode funcionar para você: todo "não" pode ser um "sim", um "sim" para o que *realmente* importa. Rejeitar uma oportunidade significa cultivar outra.

Este é o segredo não apenas para o sucesso profissional, mas para a felicidade pessoal. Quando alguém toma "apenas alguns minutos de seu tempo", não está roubando somente você (embora essa pessoa admita isso ao explorar sua *expertise* e, dessa forma, admita estar roubando do seu bolso também). Ela está roubando sua família, está roubando as pessoas a quem você serve, está roubando o futuro. O mesmo vale para quando você concorda em realizar tarefas sem importância ou quando se compromete com assuntos demais ao mesmo tempo. Exceto que, nesses casos, *você* é o ladrão.

Ninguém o obrigou a entrar na teleconferência. Ninguém o obrigou a comparecer ao evento ou a aceitar o prêmio. Não há lei alguma que estipule que você precisa responder a todos os e-mails, retornar todas as ligações e ter uma opinião sobre todas as notícias.

Na área de tecnologia, existe o conceito de *feature creep*, que é quando um dos fundadores ou um gerente de projeto não é disciplinado o suficiente para proteger o conceito central de uma ideia e permite que muitos acréscimos sejam realizados sem motivo. Ao tentar agradar a todos, eles acabam não agradando a ninguém. Tentar fazer tudo é não finalizar nada.

Essa parte mais fraca de nós mesmos, a que não consegue dizer "não" a quem solicita nosso tempo, que tenta concordar com todos, talvez, no fundo, queira a mesma desculpa — se aceitarmos fazer o que *os outros* querem de nós, talvez não tenhamos que responder pelo mau desempenho de *nossos* objetivos quando chegar a hora da avaliação completa. Isso nos permite dizer: "Se eu não estivesse tão ocupado, seria diferente..."

A parte autodisciplinada de nós, por outro lado, reafirma o lema da rainha: "Melhor não."

Ou talvez apenas peguemos emprestado o gracejo de E. B. White, que foi convidado a participar de uma comissão de grande prestígio. "Devo recusar por motivos secretos", respondeu ele. Certa vez, uma funcionária de Sandra Day O'Connor disse com reverência: "Sandra é a única mulher que conheço que não pede desculpas. As mulheres dizem 'desculpe, não posso fazer isso'. Ela simplesmente diz 'não'."

Diga "não". Assuma essa palavra. Seja educado quando puder, mas assuma o "não".

Porque é a sua vida. E porque é o seu poder. Ao se apropriar dele, você se torna poderoso. Mais poderoso, na verdade, do que algumas das pessoas mais poderosas do mundo, que são escravas dos calendários, das ambições e dos desejos. Os conquistadores que dominam enormes impérios, mas são escravos de solicitações. Os bilionários que temem perder uma oportunidade. Os líderes que estão sempre atrás da última novidade. E daí se você conquistou coisas extraordinárias, mas é punido por isso, tendo ainda menos liberdade no dia a dia?

Você sente que é livre por estar escolhendo, mas, se a resposta for sempre "sim", não parece se tratar de uma escolha.

Talvez seja isso que torna uma história sobre o general James Mattis, em seu tempo como secretário de Defesa, tão incomum. Mattis, bastante reservado e cumpridor de suas obrigações, não tinha interesse em comparecer a programas de entrevistas de domingo de manhã, aqueles que os políticos de Washington faziam fila para participar. Não se importava com sua marca pessoal. Não se importava em jogar o jogo. Não; ele queria trabalhar. Queria fazer o que era importante.

Depois de funcionários do governo implorarem, persuadirem, incomodarem e, por fim, criticarem-no por não os ajudar com a comunicação da área, ele finalmente ligou para a assessoria de imprensa e reiterou com muita calma seu "não".

"Já matei pessoas como parte do meu trabalho. Se me ligar de novo, vou mandar você para o Afeganistão. Estamos entendidos?", sentenciou.

Fim de papo.

Ninguém pode dizer "sim" ao seu destino sem dizer "não" ao que não lhe diz respeito. Ninguém pode cumprir o mais importante sem a disciplina para fazer disso *o mais importante*.

FOCO, FOCO, FOCO

~

Às vezes, Ludwig van Beethoven estava no meio de uma conversa e, de repente, desaparecia, mesmo que estivesse dialogando com uma mulher por quem estivesse apaixonado ou com algum príncipe ou patrono poderoso. Quando tinha uma ideia musical importante, fechava-se nela e era consumido, quase como se estivesse em transe, tão instantâneo e profundo era seu foco.

"Você está me ouvindo?", perguntou um amigo, ao que Beethoven respondeu: "Desculpe, eu estava apenas ocupado com um pensamento tão adorável e profundo que não podia suportar ser perturbado."

Chamavam de seu *arrebatamento*. Seu estado de fluxo. Seu lugar de trabalho profundo. A fonte de sua grandeza musical. As musas se apoderavam de Beethoven, mas ele também se apoderava delas, recusando-se a deixá-las partir até que tivesse conseguido o que precisava.

Pode parecer um pouco indulgente e até indisciplinado que um artista se desligue assim, que se deixe levar por pensamentos passageiros. Mas, na verdade, é um ato de imenso autocontrole e foco. É fácil ficar na superfície. É fácil se distrair.

Respeitar as musas quando nos visitam? Focar-se por completo no mais importante? Ignorar todo o resto e seguir uma onda de inspiração ou direcionar a inteligência para um problema intratável no qual você não consegue progredir? Este é o desafio mental para o qual precisamos nos preparar. É para esse tipo de esforço que precisamos cultivar nossas capacidades. Com que devemos nos comprometer, de verdade, por completo.

Porque é raro.

Em um mundo de distração, o foco é um superpoder.
As pessoas dizem que estão concentradas, mas, então...
... o telefone toca;
... elas se distraem;
... se cansam;
... tentam realizar múltiplas tarefas ao mesmo tempo;
... não têm a disciplina para focar de verdade e permanecerem concentradas.

Manter o mais importante como o mais importante não basta. Depois de desanuviar a sua mente, você deve ser capaz de voltar toda a sua concentração ao mais importante. Deve dar *tudo* que tem. Os estoicos nos exortam a aprender a nos concentrar em cada momento como um romano, a fazer valer o pensamento ou a oportunidade que surge diante de nós. Não podemos desperdiçá-lo. Precisamos filtrar nossos pensamentos, reduzir nosso campo de visão para o que importa e nos comprometermos.

Na tradição iogue, isso é chamado de *Ekāgratā*, ou seja, um foco intenso em um único ponto. A capacidade de direcionar *por completo* sua mente para algo a fim de compreendê-lo e a si mesmo de uma nova maneira.

Beethoven não era conhecido apenas por se perder nas interações sociais, mas também por períodos profundos e concentrados de foco em uma única peça musical. Uma sinfonia não se escreve sozinha. Nenhum lampejo de inspiração ou um único momento de arrebatamento seria suficiente. Eram horas, dias, meses, *anos* de dedicação prolongada e exclusiva a cada faceta do projeto. Há até certa ironia trágica no famoso foco de Beethoven. A diminuição de sua capacidade de audição passou despercebida até por muitos de seus amigos mais próximos, que imaginavam que ele só estava perdido no trabalho. Todos acreditavam que o músico conseguiria ouvi-los, se quisesse. Partiam do princípio que Beethoven estava apenas se desligando do mundo — como fizera por tantos anos — para se concentrar no que de fato precisava ouvir: as musas.

Todos os artistas e líderes precisam desenvolver essa habilidade. Embora Goethe e Beethoven não se dessem muito bem, ambos tinham essa capacidade em comum. Um biógrafo descreve Goethe como um "especialista em ignorar". Tanto ele quanto Beethoven combinavam isso à capacidade de se comprometer com sua arte e de se concentrar na tarefa ou no projeto a que estavam se dedicando, e obtiveram resultados lendários.

É apenas um fato. As musas nunca abençoam quem não tem foco. E, mesmo que o fizessem, como agraciados por elas perceberiam?

Brincamos sobre os professores universitários distraídos, como se fossem menos equilibrados do que as pessoas normais. Na verdade, é o oposto. Eles são um exemplo do que é o comprometimento total visto na prática. O restante de nós está preocupado demais com o que não importa para reconhecer que a verdadeira disciplina mental tem um custo — e que há pessoas dispostas a pagá-lo. E daí que talvez não consigam encontrar as chaves do carro ou vistam meias que não combinam entre si? No fim, pelo que deverão ser lembrados? O eventual passo em falso em um contexto social? Ou o trabalho transformador resultante de seu comprometimento focado?

Cada minuto de vigília, cada grama de inteligência é direcionado para os enormes problemas que estão tentando resolver, para a pesquisa na qual são pioneiros ou para a revolução musical que estão definindo a cada compasso e movimento. Isso significa não apenas dizer "não" para outras atividades, mas dizer "sim" para a tarefa crítica que se tem à frente, de forma tão enfática e tão por inteiro, que nem se nota o restante. Jony Ive, o principal designer da Apple, explicou que "foco não é algo a que aspiramos... ou algo que deixamos para a segunda-feira. É algo que se constrói a cada minuto". Ive contou que Steve Jobs sempre perguntava a ele e a outros funcionários da Apple em que estavam focados e, especificamente: "Para quantas coisas você disse 'não'?" Afinal, focar em algo requer não focar em tudo que é menos importante.

Epicteto nos lembra que, quando dizemos "Vou levar isso a sério amanhã" ou "Vou focar nisso depois", o que realmente estamos dizendo é: "Hoje serei desavergonhado, imaturo e mesquinho; outros terão o poder de me afligir."

Não, se é algo que vale a pena fazer, vale a pena se concentrar hoje. Vale a pena focar *agora*.

Porque, como Beethoven, nenhum de nós sabe quantos anos bons nos restam ou quanto tempo nossas faculdades durarão. Devemos usá-los enquanto temos a oportunidade.

ESPERE A FRUTA MAIS DOCE

É verdade, Joyce Carol Oates é uma das escritoras mais prolíficas e dedicadas de sua geração.

Mas seria admirável se seu objetivo fosse apenas publicar um livro atrás do outro?

Não. "Prolífico" não pode ser um eufemismo para "desleixado".

Não é só que Oates marca presença e escreve muito. Além do trabalho físico árduo, existe uma séria disciplina mental que modera o impulso de criar e aperfeiçoa o que, mais tarde, ela *publica*.

"Quase nunca publico de imediato", explicou. Após a conclusão do primeiro rascunho, todos os manuscritos são colocados em uma gaveta, onde ficam por, às vezes, um ano ou mais. Lá, eles amadurecem. Oates pensa em outros projetos. Explora outras ideias. Lê mais. Pesquisa mais. Vive mais. Pensa mais.

Não que esses primeiros rascunhos não sejam bons. É que precisamos sempre duvidar da primeira explosão de empolgação e, na verdade, de tudo que venha fácil. A paciência de Oates tem a ver com adquirir perspectiva e dar a todas as pequenas decisões envolvidas em um livro tempo suficiente para amadurecerem.

Pode ser que ela acrescente algumas páginas. Pode ser que corte personagens ou cenas inteiras. Na maioria das vezes, as alterações são muito pequenas. Mas esse processo de cautela é essencial, como acontece com qualquer ato relevante de criação. Quando Lincoln escreveu a Proclamação de Emancipação, não apenas esperou o momento político e militar certo para entregá-la, mas a arquivou diversas vezes enquanto escrevia, "como um pintor faz com seus esboços", disse ele, acrescentando, de tempos em tempos, uma ou duas linhas, "retocando aqui e ali, observando ansiosamente o desenrolar dos acontecimentos".

Foi fácil? Esperar o momento certo, seja você um escritor ou um político, é uma agonia. Mas, como nos lembra Aristóteles, "a paciência é amarga, mas seu fruto é doce".

Não importa o que façamos; além da disposição e do trabalho árduo, precisaremos cultivar a disciplina da paciência. Pode ser que essa competência nos desafie mais do que as horas na cadeira ou os anos de trabalho intenso. Quando nosso instinto é *avançar*, quando queremos *correr atrás*, esperar... bem, *esperar é a parte mais difícil*.

Esperar notícias.

Esperar a oportunidade certa.

Esperar que tudo se acalme.

Esperar que a solução apareça.

Esperar que as pessoas mudem de ideia.

Esperar enquanto reavaliamos o que tínhamos presumido.

Esperar para ver se surge uma ideia melhor.

O que ganhamos com a espera?

A Bíblia diz que, por meio da paciência, não possuímos nada menos do que nossa alma.

A disciplina da paciência nos impede de...

... agir com base em informações insuficientes;

... fazer a escolha errada;

... agir de modo precipitado;

... forçar alguma situação;

... apressar as pessoas (ou desistir delas);

... tirar a conclusão errada;

... perder todas as recompensas maravilhosas que vêm para aqueles que esperam.

Como ilustrou Edison, a paciência é um ingrediente primário do gênio. Mesmo momentos de inspiração ou insights são inúteis sem a paciência para aperfeiçoar, refinar e, por fim, liberar. O gênio de Edison era este: o compromisso paciente de testar tudo repetidas vezes, de deixar um experimento ou uma invenção de lado até que alguém lhe fornecesse matérias-primas melhores, o que o levou não apenas a descobrir como inventar uma lâmpada, como desenvolver um sistema para fornecer eletricidade subterrânea para a primeira quadra de casas e, em seguida, navegar na política necessária para tornar isso uma realidade na cidade de Nova York.

Alguém impaciente não consegue trabalhar com outras pessoas. Comete erros de julgamento e de *timing*. Não faz nada importante, porque quase tudo que importa demora mais do que deveria e, sem dúvida, mais do que gostaríamos.

É mais fácil trabalhar com alguém paciente, que, em geral, também é mais precavido e resiliente. Como Da Vinci escreveu: "A paciência serve como proteção contra os erros, assim como as roupas servem de proteção contra o frio. Pois, se você vestir mais peças conforme o tempo esfriar, ele não o afetará. Assim, da mesma forma, é necessário ter mais paciência ao se deparar com grandes erros para que eles não consigam perturbar sua mente."

Aperte o cinto e espere. É o que é preciso fazer.

Não precisamos apenas de paciência para o dia a dia, mas de uma paciência duradoura. Uma paciência nível Shackleton. Deixar o livro em uma gaveta para que amadureça, dormir e voltar a virar as páginas no dia seguinte; esperar os juros compostos gerarem rendimentos; aguardar o investimento valorizar; dar tempo para que o plano funcione; permitir que as pessoas entendam aos poucos sua ideia que estava à frente de seu tempo... para que os eventos futuros justifiquem tudo.

Mas esse é o ponto. Se a vida corresse exatamente como queríamos, se não exigisse desconforto, sacrifício e paciência, nenhuma disciplina seria necessária, e todos teriam sucesso.

Então, a fruta não seria apenas menos doce... alguém já a teria comido.

O PERFECCIONISMO É UM VÍCIO
~

No inverno de 1931, Martha Graham estava empacada em uma apresentação de dança que havia coreografado chamada *Ceremonials*, inspirada nas culturas maia e asteca. Perfeccionista notória, estava desesperada para concluir a obra. Preocupada, autocrítica e consumida pela culpa por ter desperdiçado sua bolsa Guggenheim, Graham tinha certeza de que não conseguiria atender às expectativas de sua fama em ascensão, muito menos à ideia que tinha em sua própria cabeça.

"O inverno está perdido", choramingou, cheia de autopiedade. "Desperdicei o inverno todo com esse trabalho. Destruí meu ano. Essa obra não presta."

Embora os dançarinos adorassem o espetáculo e estivessem comprometidos de corpo e alma, tudo o que ela conseguia ver era o que precisava ser alterado. Tudo o que conseguia ver era como a dança não estava perfeita. E isso a encerrou em uma espécie de prisão criativa.

Esse é o destino trágico de grandes nomes em muitas áreas. Seu sucesso é construído com base em padrões elevados (muitas vezes mais altos do que o exigido por qualquer um, seja o público ou o mercado), mas essa virtude também é um vício terrível, que não apenas os impedem de aproveitar o que realizaram, mas tornam a realização do feito seguinte cada vez mais difícil.

Porque nunca está bom o suficiente. Porque sempre há mais a se fazer. Porque não está à altura do que fizeram da última vez.

Da Vinci era assim, o que o tornou quase incapaz de terminar suas pinturas. Steve Jobs travou ao lançar o Macintosh, antes de ser demitido da Apple. Um biógrafo do romancista Ralph Ellison descreve um perfeccionismo que "obstruía" tanto as artérias do escritor que, em uma ocasião, Ellison produziu quarenta rascunhos de uma breve declaração sobre um de seus próprios livros — uma história que ele viveu e respirou por décadas e sobre a qual deveria ter sido capaz de escrever em quarenta *minutos*. O trágico resultado foi que não publicou mais nada depois de sua obra-prima, *Homem invisível*, apesar de produzir uma pilha de cerca de meio metro de páginas manuscritas inúteis ao longo dos anos.

O que era isso? Humildade? Uma obsessão por fazer as pequenas coisas direito? Não; essas são as desculpas tranquilizadoras que damos para o que tende a ser uma espécie de narcisismo e obsessão. Estamos convencidos de que todos se importam *tanto* com o que estamos fazendo que ficamos travados. Dizemos a nós mesmos que se trata de autodisciplina quando, na verdade, é individualismo.

Como dizem, outra palavra para "perfeccionismo" é p-a-r-a-l-i--s-i-a.

Uma obsessão pela perfeição nos leva a perder a perspectiva, porque, em última análise, o maior erro de todos é não conseguir sequer começar. O que não despachamos, o que temos medo demais ou somos exigentes demais para liberar, para *tentar*, é, por definição, um fracasso. Não importa a causa, seja por procrastinação ou perfeccionismo, o resultado é o mesmo. Você não fez.

Os estoicos nos lembram que não podemos abandonar uma busca porque nos desesperamos ao tentar aperfeiçoá-la. Também há uma palavra para o não tentar porque não temos certeza de que podemos vencer, não temos certeza se todos vão adorar: *covardia*.

Precisamos ser corajosos para seguir em frente. Para tentar. Para aproveitar nossa oportunidade. Para entrar na arena, mesmo que exista a possibilidade de perder. Precisamos ser *fortes o bastante* para isso também.

Martha Graham teve a sorte de ter colaboradores que a pressionaram quando necessário e a ajudaram a emergir dos excessos de sua autodisciplina exigente. Quando ela travou na composição de *Ceremonials*, seu diretor musical, Louis Horst, interveio e lhe disse: "Não é possível criar sempre no mesmo nível. A Sexta Sinfonia seguiu a Quinta, mas, sem a Sexta, talvez não tivéssemos a Sétima. Não dá para saber aonde estamos indo. As transições são tão importantes quanto as realizações."

O perfeito não é apenas inimigo do bom, como dizem, é inimigo de tudo que possa vir depois. Se você ficar travado, seu potencial também ficará. É por isso que *terminar* é, por si só, uma conquista, um ato de disciplina monumental que *tem* que acontecer.

Você vai querer continuar ajustando, arrumando e repassando os problemas em sua mente. Mas precisa ser capaz de parar e dizer, por fim: "Está pronto." Se não consegue sozinho, tem problemas com a reta final dos projetos ou sabe que pode ser vítima do perfeccionismo, será que tem a autodisciplina para encontrar parceiros que possam tirar você daquela espiral e oferecer uma nova perspectiva?

Sem dúvida, Martha era bem-sucedida o suficiente para cercar-se de pessoas bajuladoras e que concordavam com tudo, mas não o fez. Entendeu que precisava de influências moderadoras — conselheiros sábios e patronos confiáveis — se quisesse produzir uma grande obra. Por mais grandiosos que Ralph Ellison e Da Vinci fossem, por mais que estivessem no comando de seus gênios, tiveram dificuldade com isso.

Como a biógrafa e parceira de dança de Martha, Agnes de Mille, explicou sobre Louis:

> Ele era o único — o único — que conseguia disciplinar Martha e incentivá-la a terminar, moldar e preparar suas peças para a apresentação. Ele era bastante prático. Depois de lhe dar margem de manobra por semanas, ou até meses, finalmente parava e exigia decisões, que Martha, em sua agitação histérica, nem sempre desejava tomar. As danças eram feitas... nem sempre terminadas, mas feitas.

Graças a Louis, Martha escreveu: "Sempre havia uma primeira apresentação."

E sabemos que, sem uma primeira apresentação, nunca nos aproximaremos da assíntota perfeita que todos nos esforçamos para alcançar.

FAÇA PRIMEIRO O MAIS DIFÍCIL

~

Poucas citações foram mais incompreendidas e mal atribuídas do que a sugestão de Nicholas Chamfort de que "um homem deve engolir um sapo todas as manhãs se quiser ter certeza de não encontrar nada ainda mais repugnante até o fim do dia".

A ideia, abreviada e muitas vezes creditada a Mark Twain,[*] é que, se *engolimos o sapo* logo pela manhã, depois é quase impossível que o dia piore. Uma interpretação mais aplicável foi expressa pela regra diária do poeta e pacifista William Stafford: "Faça o mais difícil primeiro."

Não espere. Não diga a si mesmo que vai se interessar mais pela questão. Não diga a si mesmo que vai começar fazendo outras coisas para *então*...

Não. Faça agora.

Faça primeiro.

Isso se chama "priorização".

Termine logo com isso.

Isso se chama "autocuidado".

Lembre-se: Toni Morrison não se levantava antes do amanhecer para ter "um tempo para si". As manhãs não eram para ler jornais nem dobrar a roupa. Ela tinha um intervalo bastante curto à sua disposição e o usava para escrever, para aproveitar o dia enquanto os outros ainda dormiam.

Não era fácil. Houve muitos dias em que não queria. Mas, ao continuar, ao escrever em silêncio à luz da manhã, não apenas se

---

[*] Na verdade, o próprio Chamfort credita a frase a um desconhecido com nome "M. de Lassay".

aproximava de seu objetivo de se tornar uma grande escritora, como também, em outro sentido, dava a si mesma "um tempo para si". Porque, depois daquele momento, o resto do dia era um bônus. Ao cuidar das tarefas (difíceis), cuidava de si mesma. Havia dominado a manhã, engolido o sapo, e, depois, tinha todo o dia extra. Nada era mais difícil do que a batalha que já havia vencido.

Assim como os dias são feitos de manhãs, as vidas são feitas de dias. Procrastinar a qualquer hora, dia ou noite, sendo jovem ou velho, *deixar para mais tarde*, é uma atitude de perdedores.

A única coisa que todos os tolos têm em comum, escreveu Sêneca, é que estão sempre se *preparando* para viver. Dizem a si mesmos que só precisam colocar algumas coisas no lugar primeiro, que ainda não está na hora, que farão depois...

... o quê, exatamente?

Nada.

Nunca chegam a fazer. Nunca fazemos.

É preciso ser mais esperto e mais disciplinado.

"Não canso de repetir que qualquer coisa que possa ser feita outro dia pode ser feita agora", disse Montaigne.

"Aquele que adia a hora de viver direito é como o inculto que espera que o rio acabe antes de atravessá-lo", escreveu Horácio.

Parafraseando os estoicos: você poderia ser bom agora. Em vez disso, escolheu amanhã.

Procrastinar é ser pretensioso. Arrogante. Pressupor que haverá um *mais tarde*. Que você terá a disciplina de levar a cabo mais tarde (apesar de não ter a disciplina agora).

Podemos dizer que o cemitério dos potenciais perdidos está cheio de pessoas que só precisavam fazer outra coisa primeiro.

A hora de fazer é agora.

A hora de começar é agora.

Precisamos começar pela parte mais difícil, pela que menos queremos enfrentar. Não de má vontade, mas com prontidão e entusiasmo, com um corpo treinado para o trabalho árduo e uma mente afiada e focada.

Os tolos são fracos demais, assustados demais, indisciplinados demais para isso... o que é um problema para eles, mas uma oportunidade para você.

Porque é aí que é possível sair ganhando. Eles vão se atrasar, e você vai seguir em frente.

Mas só se começar agora.

VOCÊ CONSEGUE SE LEVANTAR DE NOVO?

Em 1959, Floyd Patterson colocou seu título em jogo em uma luta contra Ingemar Johansson.

Quando chegou a hora, embora tivesse treinado muito para a ocasião, Patterson sentia que faltava algo. Talvez fosse fome pela vitória. Talvez fosse compromisso.

Patterson estava entediado. Impaciente. Excessivamente confiante.

Quando entrou no ringue, tudo aquilo veio à tona. Ele não era o homem que merecia vencer. "Todo lutador deve ter um pouco de medo do que pode acontecer", refletiria Patterson, mais tarde, sobre aquele embate, "porque o medo aguça a mente. Quando não se tem nada a temer, a mente fica embotada".

Mas ele não achava que poderia perder, e dava para ver que não estava aguçado.

No terceiro round, ele caiu. *Sete vezes.* Por fim, interromperam a luta.

Quando a névoa dos socos se dissipou, as palavras terríveis vieram a ele. "Perdi o desafio." Patterson não conseguia acreditar. Mas era verdade. E o mais doloroso: era tudo sua culpa.

Poderia ter sido o ponto-final. Na verdade, em toda a história do boxe até aquele momento e em quase todas as lutas pelo título desde então, uma vez que um campeão perde o cinturão, *nunca* mais o recupera. Está acabado. Fica no chão. Não volta.

Patterson passou semanas deprimido, recriminando a si mesmo. A culpa o deixou doente. Mal conseguia dormir ou olhar nos olhos dos filhos. Havia sido *nocauteado*.

Então chegou uma carta de Archie Moore, o boxeador que Patterson havia derrotado para conquistar o título: "Caro Floyd, entendo seu sentimento. Espero que pare de se sentir culpado. O mesmo aconteceu com muitos lutadores. Também detestei perder para você, mas o destino quis assim." A carta detalha a luta e os problemas notórios da estratégia de Patterson, então conclui: "Se você concentrar seus *jabs* e contornar o cara, pode ser o primeiro a recuperar a coroa. Você consegue. Seu amigo, Archie Moore."

Vale a pena reservar um instante para reconhecer a incrível gentileza e autodisciplina necessárias para um ex-campeão se dar ao trabalho de escrever, sem ninguém ter pedido isso dele, tal encorajamento para seu arqui-inimigo quando este estava em seu pior momento. Moore poderia ter insultado Patterson; em vez disso, ajudou-o a acreditar em si mesmo.

Aquele gesto de gentileza era exatamente do que Patterson, que estava entrando em desespero, precisava. Ele interrompeu o retrocesso. Acabou com o período de autocomiseração. Havia sido lembrado que *podia transformar o que acontecera*. Retomou o treinamento. Obrigou-se a assistir ao vídeo da derrota infame e aprendeu a cada lamentável exibição. Então, em junho de 1960, quase exatamente um ano depois, Floyd Patterson nocauteou Ingemar Johansson no meio do quinto round. Floyd atingiu Johansson com tanta força que o homem levou cinco minutos para recuperar a consciência no meio do ringue.

Em vinte anos de boxe, Patterson foi o primeiro (e um dos quatro desde então) a recuperar o título dos pesos-pesados — um poderoso lembrete de que a derrota não é definitiva, e que retrocessos podem ser interrompidos.

Todos vamos pisar na bola. Vamos despreparados para uma oportunidade com o potencial de mudar nossa vida. Vamos abandonar a dieta ou a sobriedade. Vamos perder a paciência e ficar constrangidos. Cometeremos erros. Seremos derrotados. O problema da disciplina é que ela nunca nos falha, mas, às vezes, falhamos com ela.

Mas será esse o fim de tudo? É o que somos agora? Ou podemos voltar a nos levantar?

Perder nem sempre depende de nós... mas sermos perdedores, sim. Ser alguém que desiste, sim. Dizer: "Ah, caramba, isso importa mesmo?", aí é por nossa conta. Jogar a toalha em uma luta que já perdemos é uma coisa, mas jogar a toalha para a luta, para nossos padrões, daquele ponto em diante? Nesse caso, somos mais do que vencidos, somos *derrotados*.

Não fique frustrado por não ser calmo ou perfeito por natureza. Porque ninguém é, e ninguém espera que você seja.

Se seus padrões são tão elevados que você desiste quando fica aquém deles, na verdade, você não tem padrões elevados. O que tem são desculpas.

Esse é mais um motivo pelo qual o perfeccionismo — moral ou profissional — é tão perigoso. Quando fracassamos, quando somos revelados como pessoas fundamentalmente falhas, vulneráveis, vencíveis e ferradas... pode ser difícil recomeçar. Se formos duros demais com nós mesmos, como Floyd Patterson ou Martha Graham, vamos nocautear a nós mesmos... e ficaremos para sempre fora da luta.

Todos cometeremos erros. Falharemos e teremos recaídas — na dieta, nos maus hábitos, no que for. Fracassaremos em público, sem nos movimentar como deveríamos, cedendo à tentação ou a um ataque de paixão, talvez até a um momento de covardia. Perderemos. Ninguém fica invicto por muito tempo nesta vida.

E depois?

Conseguimos nos recompor? Conseguimos juntar os pedaços e tentar outra vez?

É muito apropriado que, tanto na tradição zen quanto na Bíblia, tenhamos uma versão do provérbio sobre cair sete vezes e *se levantar oito* (foi o que Patterson fez, literalmente, depois daquele terrível terceiro assalto).

O grande rebatedor de *home runs* Sadaharu Oh costumava dizer que, para um atleta, perder significava apenas a oportunidade de voltar no dia seguinte e tentar se sair melhor. O mesmo valia para ganhar.

Ser um profissional se trata de levar a vitória ou a derrota como uma chance de melhorar. De voltar ao próprio ritmo e permanecer nele, porque é quando nos sentimos mais felizes, mais no controle e mais conectados.

Mesmo o mais alegre, o mais forte e o mais autodisciplinado de nós vacilará sob o peso das circunstâncias ou das consequências de nosso comportamento. Hoje, lembramos de Viktor Frankl como um otimista incansável, o crente inabalável no sentido humano, apesar dos horrores que suportou no Holocausto. No entanto, há um bilhete que ele enviara a alguns amigos, em 1945, logo após o fim da guerra:

> Estou indescritivelmente cansado, indescritivelmente triste, indescritivelmente solitário... No campo de concentração, realmente acreditávamos que havíamos chegado ao ponto mais baixo da vida, mas, quando voltamos, fomos obrigados a encarar que as coisas não resistiram, que o que nos sustentava havia sido destruído, que, justo quando voltamos a ser humanos, era possível afundar em um sofrimento ainda mais profundo.

Não podemos culpá-lo. Também é insondável pensar do que a humanidade teria sido privada se ele tivesse se mantido ali, ou, pior, desistido. *Apesar de tudo*, ele se levantou. Disse "sim" para a vida, para uma segunda tentativa, para voltar ao ringue, para abrir caminho de volta à felicidade com propósito.

Se, depois de tudo pelo que passou, ele foi capaz disso, todos nós somos.

Nossa autodisciplina nos obriga. Nosso destino depende disso.

A BATALHA CONTRA A DOR

~

John F. Kennedy pode ter nascido bonito e rico, mas não significava que era um homem de sorte. Teve um pai distante e imperioso e nasceu em uma família com histórico de sofrer de problemas com o vício. Seu corpo era uma fonte de contratempos contínuos. De úlceras à doença de Addison, e um problema degenerativo nas costas (exacerbado primeiro pelo futebol americano, depois por ferimentos de guerra). John Kennedy sentia dores quase o tempo todo. A infância traumática e o trabalho difícil apenas adicionaram estresse e tensão.

Não era culpa dele.

Além de a situação ser frustrante, era insuportável. Algumas manhãs, ele deve ter ficado deitado na cama — ou, outras vezes, no chão, quando caía —, perguntando-se se valia a pena se levantar.

No entanto, é impossível ler o histórico médico de Kennedy e não ficar impressionado até onde ele estava disposto a ir para obter alívio. Quando presidente, tomou corticosteroides, procaína, Lomotil, testosterona, paregórico, fenobarbital, penicilina, anfetaminas e tudo a que pudesse ter acesso. Um dia, disse ao primeiro-ministro britânico que, se não fizesse sexo com frequência, tinha enxaquecas.

Quando um médico viu o coquetel injetável de anfetaminas e analgésicos que Kennedy tomava, tentou intervir. "Não faz diferença se for mijo de cavalo. Funciona", respondeu Kennedy.

Funcionava?

Porque ele precisava sempre de cada vez mais.

Trocava de médicos com frequência e, assim, permitia um desfile de profissionais de medicina de moral duvidosa em sua vida (e no Salão Oval), apesar dos alertas de pessoas sensatas. Inevitavelmente, os medicamentos cobraram seu preço. Kennedy ainda sentia dor. Ficou deprimido. Sentia como se houvesse uma névoa pairando sobre sua mente. Mas, em vez de se afastar, ele insistiu e obteve uma receita para Stelazine, um antipsicótico muito forte.

Com razão, a história celebra Kennedy por sua temperança calma e sábia nos treze dias tensos da crise dos mísseis cubanos, porém, uma avaliação aprofundada nos revela o perigo diário em que sua imprudência médica colocava milhões e milhões de pessoas. "Nenhum presidente com o dedo no botão vermelho pode tomar essas coisas", alertou um médico quando soube do Stelazine e ameaçou procurar a imprensa se Kennedy não parasse com o medicamento de imediato.

Essa é a questão da dor e do prazer: são sentidos no corpo, mas afetam a mente e o humor, *o temperamento*, que é algo que devemos proteger sempre.

Existem medicamentos e tratamentos aceitáveis? Sim.

Ninguém deve pensar que buscar ajuda para a depressão ou para a dor crônica é, de nenhuma forma, contrário aos princípios da temperança. Epicteto sofreu toda a vida com uma perna torcida e quebrada pela tortura. Se houvesse uma maneira segura de moderar a dor, ele teria sido idiota em não tentar. Nós depararemos com situações assim. Sofreremos acidentes. Nossos corpos envelhecerão. Nossos corações serão partidos.

O problema é que Kennedy esperava que uma pílula mágica (ou *várias*) resolvesse seus problemas. Usava o sexo e os remédios como uma fuga, não como uma ferramenta. A dor não era sua culpa, porém as más decisões que tomou para diminui-la, sim.

Na verdade, o único tratamento que aliviou sua dor nas costas foi bem simples. O médico que se opôs ao uso de drogas de Kennedy descobriu que o presidente não conseguia fazer um único abdominal. "Você vai ficar fisicamente incapacitado em breve se não começar a se exercitar", explicou. "Cinco dias por semana. E precisa começar agora." Com exercícios de alongamento e respiração, uso de pesos e ginástica, Kennedy recuperou grande parte da mobilidade. Os níveis de dor se tornaram mais suportáveis. "Gostaria de ter conhecido você há dez anos", disse Kennedy ao médico. Parecia que seria capaz, inclusive, de parar de usar seu colete ortopédico.*

Embora nem todos os problemas possam ser resolvidos com ar fresco e exercícios, devemos desconfiar de qualquer um que nos diga que pode fazer nossa dor desaparecer sem qualquer esforço. Os médicos que vendem a ideia de bem-estar apenas com remédios, como fazia um dos que atendia Kennedy, são como as sereias do mito grego: seu canto é doce... mas, muitas vezes, mortal.

No entanto, geração após geração ignora esse fato. Hoje, sem ironia, as pessoas (com consideravelmente menos dor, ao menos fisicamente) popularizaram a expressão "fazendo de tudo" para descrever o uso de todo tipo de drogas psicodélicas experimentais para tratar de seu mal-estar espiritual ou mental. Dizem isso mesmo com uma epidemia de fentanil assolando e matando quem as rodeiam, enquanto o mundo lida com as consequências de uma crise de opioides.

Não se brinca com remédios.

O Papa João Paulo II estava certo ao nos lembrar de que parte da temperança consiste em evitar o impulso de nos privarmos da "consciência pelo uso de drogas". Nossas faculdades racionais (assim como nossos corpos) podem nos torturar, mas também são uma dádiva. Não devemos entorpecer seu poder nem alterar sem necessidade nossa química.

Fazer de tudo? Fazer de tudo *mesmo* é passar pela vida sóbrio. Sentir uma onda? Vá para a terapia! Lute. Cure-se um pouco a cada dia, melhore um pouco a cada dia.

Talvez seja por isso que o caminho tomado por Kennedy seja tão sedutor: acreditar que existe uma única coisa que é capaz de

---

* O que usava quando foi assassinado e que o tornava um alvo particularmente imóvel.

nos aliviar, uma pílula ou um dispositivo que pode nos salvar da dor, do tédio e do desespero. Na verdade, é essa mesma esperança que nos torna vulneráveis a gurus e médicos que se aproveitam de pessoas em sofrimento. Qualquer um ou qualquer coisa que lhe ofereça uma fuga deve ser visto com cautela, e qualquer coisa que prometa *euforia* pode lhe causar uma dor real.

"Fazer de tudo" deve significar pensar sobre tudo de forma holística. Deve significar compreender as causas profundas. Deve significar curar a doença, não os sintomas. Significa terapia — no caso de Kennedy, não apenas a fisioterapia, mas também a necessidade desesperada de ajuda psicológica. Exigirá verdadeira coragem, bem como autodisciplina. Porque demora mais. Porque significa enfrentar os medos e avançar devagar em direção ao progresso, não uma transformação instantânea. Não será fácil, mas os efeitos colaterais são mínimos.

Também pode significar, por mais injusto ou desagradável que seja, encontrar uma maneira de *conviver* com a dor.

Os estoicos tinham uma palavra para isso: *emmenetea*, "o que deve ser tolerado". Lou Gehrig sabia que uma longa carreira no beisebol exigiria jogar machucado, como a própria vida exige. "Lembro de quando Lou quebrou o dedo médio da mão direita", recordou um companheiro de equipe. "Toda vez que rebatia, ele sentia dor. Quase vomitava quando pegava a bola. Dava para vê-lo se encolher. Mas ele nunca saía do jogo." Em 2.044 jogos, ele foi atingido por um caso incapacitante de lombalgia, que causa dores perfurantes na lombar e faz com que ficar em pé ereto seja um desafio. Seria o fim? "Vou dar um jeito nisso", respondeu Gehrig. "Foi o que sempre fiz." Poderia ter voltado a beber ou coisa pior... mas não o fez. Ele continuou sóbrio. Continuou no jogo.

Mas a dor também pode ser um indicador, um alerta, um lembrete para desacelerar ou fazer uma mudança. Foi por isso que Gregg Popovich se dispôs a aceitar a multa por deixar seus jogadores descansarem. Melhor uma dor de cabeça financeira do que lesões insuportáveis (e analgésicos). Por muito tempo, Kennedy não se interessou em consertar o que estava errado, apenas em encontrar uma maneira de continuar — seus romances, sua juventude, a negação de suas limitações —, apesar do perigo.

Seu corpo tentou avisá-lo. Seus médicos tentaram avisá-lo.

Ele os ignorou.

A rainha Elizabeth era tão forte quanto é possível ser. Mas ninguém chega tão longe sem escutar o próprio corpo, sem se cuidar. Sempre confiou em práticas sustentáveis, não em atalhos. Como aconselhou a uma jovem esposa de um diplomata que sofria após os longos dias em pé sem descanso: "Deve-se plantar os pés assim. Você precisa mantê-los sempre paralelos. Certifique-se de que seu peso esteja distribuído de modo uniforme. Isso é tudo."

Há mais, certamente, mas é um começo.

Suportamos a dor, mas precisamos tratar de suas causas profundas.

A mente e o corpo devem encontrar uma forma de trabalhar juntos, com temperança, moderação e sobriedade.

A BATALHA CONTRA O PRAZER

~

Supostamente, Epicuro era um hedonista viciado em prazer. A inscrição em seu jardim confirma essa impressão: "Estrangeiro, seu tempo aqui será agradável. Aqui, o maior bem é o prazer. O zelador desta morada, um anfitrião gentil, estará à sua disposição; ele vos acolherá com pão e vos servirá água em abundância, com as seguintes palavras: 'Você não foi bem entretido? Este jardim não abre seu apetite, mas o sacia.'"

Que tipo de prazer ele estava prometendo?
Comida?
Sexo?
Bebida?
Devassidão?

Poucas pessoas na Atenas do século III a.C. tinham certeza, então presumiam o pior. Hoje, milhares de anos depois, perpetuamos as suspeitas e definimos um "epicurista", vagamente, como uma pessoa que se entrega a todos os impulsos sensuais.

Mas qualquer um que leia a filosofia de Epicuro encontra uma receita muito mais simples para a felicidade. Em uma carta famosa, ele, ao conversar com um amigo rico que lhe prometia o que quisesse, pediu um pequeno pote de queijo para se deliciar. "Tal era o homem", escreveu o antigo biógrafo Diógenes Laércio, "que declarou que *o prazer era o fim da vida*".

Para Epicuro, prazer não era gula. Ele não estava dando ao corpo o que este desejasse, sem pensar.

"Por 'prazer', queremos dizer a ausência de dor no corpo e de problemas na mente", explicou Epicuro. "Uma sucessão ininterrupta de bebedeiras e festas, a satisfação da luxúria, o degustar do peixe e outras iguarias em uma mesa luxuosa não produzem uma vida agradável, e, sim, um raciocínio sóbrio, a compreensão de nossas escolhas, a negação e o banimento de crenças pelas quais os maiores distúrbios se apoderam da alma."

Epicuro não era o rei George IV, nem gostaria de ser, uma vez que não era particularmente agradável ser o rei George. A gula do homem interrompeu sua vida, e sua permissividade em relação a tudo que queria logo se transformou em um pesadelo diário. Será que Babe Ruth estava se divertindo quando precisou ser levado às pressas para o hospital, empanturrado de comida e álcool?

Não nos abstemos do excesso porque é pecado. Somos autodisciplinados porque queremos evitar uma existência infernal aqui, enquanto estamos vivos — um inferno criado por nós mesmos.

Precisamos lembrar que o corpo é estúpido, e nosso temperamento precisa salvá-lo de si mesmo. O corpo quer comer até estar cheio... mas acaba passando do ponto. O corpo quer beber até ficar alcoolizado... mas só nos sentimos assim quando estamos muito além da embriaguez. O corpo quer ficar dormente... Se necessário, aguenta até mijo de cavalo, como afirmou Kennedy. O corpo quer o que quer agora... mas lidará com as consequências depois. Precisamos ser inteligentes, autocontrolados e *autoconscientes* para intervir antes que isso aconteça, antes de "comer mais do que deveríamos" (é possível inserir aqui quase qualquer coisa que estamos propensos a fazer em excesso, de beber a trabalhar, de se divertir e ficar acordado até tarde). Como o estadista ateniense Timóteo disse certa vez após uma deliciosa festa na casa de Platão: "Seus jantares são agradáveis não apenas quando o estamos saboreando, mas também na manhã seguinte!" Se você fica enfastiado e desconfortável depois, se está de ressaca e grogue quando acorda, se fica cheio de arrependimento ou vergonha e nem sequer se lembra do que aconteceu na noite anterior, será que foi realmente tão bom?

Os estoicos afirmavam que essa era uma metáfora perfeita para tudo o que fazemos: "Lembre-se de se comportar na vida como se estivesse em um banquete", disse Epicteto. "Quando algo chega de mão em mão até você, pegue uma porção moderada. A iguaria passou direto? Não a detenha. Ainda não veio? Não se deixe perturbar pelo desejo; espere até que ela chegue a você. Aja assim com os filhos, com o cônjuge, com a posição social, com a riqueza. Um dia, essa postura o tornará digno de um banquete com os deuses."*

"Lembre-se sempre", assegurou Churchill à esposa certa vez, "de que tirei mais do álcool do que o álcool tirou de mim." É um teste crítico. Não pense apenas no que um determinado prazer vai proporcionar, avalie o que ele vai tirar de você. Pense em como o objeto de seu desejo vai ficar para trás. Pense em como você vai refletir sobre aquilo *depois* — durante o período introspectivo, durante a ressaca, quando a calça não servir, quando você se olhar no espelho daqui a alguns meses e se perguntar como aquilo foi acontecer.

A abstinência e a moderação não são sinônimos. A primeira é sobre evitar, e a segunda, sobre ser responsável. Trata-se de entender como fazer tudo de modo apropriado — para seu corpo, para sua genética, para seu estilo de vida. C. S. Lewis nos lembra de que temperança é "não passar do ponto certo".

Como pregou Musônio Rufo: "Pelo padrão do prazer, nada é mais agradável do que o autocontrole e nada é mais doloroso do que a falta dele." Ninguém que se entregou ao excesso está se divertindo. Ninguém escravizado por seus apetites é livre.

A capacidade de se levantar da mesa antes de chegar ao ponto de se odiar, antes de precisar trocar de calça, ou não ter energia após se entupir de carboidratos exige força. O mesmo acontece com tomar uma taça durante o jantar, em vez de pedir mais ou parar apenas diante dos sinais de embriaguez. Por fim, também é saber que uma casa maior não vai lhe fazer mais feliz, que você não precisa de mais dinheiro, mais fãs, mais *nada*. Nunca se aproxi-

---

* É óbvio que, para algumas pessoas e em relação a algumas coisas, a quantidade apropriada é nenhuma. Leia o capítulo "Pare de ser um escravo".

mar, muito menos passar, do ponto de arrependimento, enquanto ainda desfruta de experiências que são divertidas, fazem você feliz e que lhe dão prazer? Reconhecer que suas escolhas o colocaram sob uma zona perigosa? São perspectivas que Kennedy não conseguiu alcançar. Exigem autoconhecimento, autocontrole e — se as pessoas ao redor estiverem dispostas a continuar a festa — muita coragem.

A disciplina não é um castigo, é uma forma de *evitar* o castigo. Nós a exercemos porque amamos e valorizamos a nós mesmos e o que fazemos. Convenientemente, descobrimos que aumenta nosso prazer na vida. De fato, quem se contenta com menos, quem desfruta de um pequeno pote de queijo como se fosse um tesouro gastronômico, é muito mais satisfeito e capaz de ver o lado bom de todas as situações.

Busque a si mesmo, não à distração.

Seja feliz, não hedonista.

Deixe a mente governar, não o corpo.

Conquiste o prazer e torne-se superior à dor.

IGNORE A PROVOCAÇÃO

Um dia, o pai de Arthur Ashe Jr. estava trabalhando como motorista de William Thalhimer, um judeu rico de Richmond, na Virgínia, dono de uma rede de lojas de departamentos. Ao atravessar a cidade com o chefe para que analisasse um imóvel que ele queria comprar, Arthur Ashe, o pai, viu, em primeira mão, o tipo de discriminação que os judeus enfrentavam no Sul na década de 1950.

Ao longo da negociação, Thalhimer foi insultado, tratado com condescendência e intimidado por um homem que parecia estar enojado com a ideia de fazer negócios com um judeu. Depois de Thalhimer concluir a transação sem ter reclamado de nada, ele e seu motorista retornaram ao carro para voltar para casa.

"Por quê? Por que o senhor aguentou tudo aquilo?", perguntou o pai de Arthur Ashe Jr., sem se conter.

"Vim aqui para comprar o terreno", explicou Thalhimer. "Comprei o terreno. Agora, pertence a mim, não a ele. Aquele homem pode continuar me xingando o quanto quiser. A terra é minha."

Era óbvio que Thalhimer queria dar um soco na cara do antissemita, mas isso apenas daria o que o outro queria, certo? Não precisaria fazer negócio com um judeu. E o que teria acontecido com Thalhimer? Ficaria sem o terreno que queria. E talvez até terminasse na prisão.

Com a perspectiva que a passagem do tempo oferece, podemos entender tanto a injustiça do que ocorreu quanto nos maravilhar com a silenciosa dignidade e o autocontrole mostrados por Thalhimer naquele momento. Sem dúvida, o pai de Arthur Ashe Jr., um homem negro no Sul segregado, teria valorizado a ambos. De fato, seu filho, Arthur Ashe Jr., comentaria mais tarde que essa experiência moldou seu pai como provedor e o inspirou, durante a segregação, a ser sempre pragmático, além de paciente e contido. Arthur Ashe não se importava com o que as pessoas diziam a seu respeito ou faziam com ele. O que importava era sustentar sua família e preparar os dois filhos para o sucesso em um mundo que parecia resoluto em não permitir que fossem bem-sucedidos. Para azar dos racistas, Arthur Ashe iria *ficar com aquela terra*.

Seria maravilhoso se esse tipo de situação não precisasse acontecer. Se ninguém fosse submetido a calúnias e discriminação, se todos fossem gentis, se nunca sofrêssemos privações, julgamentos, agressões e maus tratos. Mas a vida não é assim.

Dizem que, certo dia, Catão, o Jovem, bisneto do frugal romano Catão, o Velho, visitava as termas de Roma quando levou um esbarrão e, de repente, viu-se em um daqueles encontros aleatórios que se transformam em uma briga *só porque* alguém está tendo um dia ruim. Mas, assim que a briga terminou e Catão conseguiu se recompor, simplesmente se recusou a aceitar o pedido de desculpas do ofensor, embora não da maneira que se poderia esperar. "Nem me lembro de ter sido atingido", disse. Além de recusar o pedido de desculpas, também se recusou a guardar rancor.

James Peck, um dos únicos Viajantes da Liberdade brancos, notou várias vezes como sua recusa em retaliar deixava seus atacantes atordoados por um momento, e, pode-se imaginar, terrivelmente autorreflexivos. "Por que essa pessoa não está consumida pelo ódio, como eu? Por que não perdeu a cabeça, como eu? Será que ela é *melhor* do que eu?"

Lembre-se sempre de que, por mais errado e irritante que o outro seja, são necessários dois para que um verdadeiro conflito aconteça. Como diziam os estoicos, "quando somos ofendidos, quando brigamos, somos cúmplices". *Escolhemos* participar de um embate. Trocamos o autocontrole pela autoindulgência. Permitimos que nossa cabeça fria esquente, embora saibamos que cabeças quentes quase nunca tomam boas decisões.

A vida... as pessoas... vão lhe dar a oportunidade para fazer esse tipo de coisa. Você pode se recusar a aceitá-la.

Lembre-se da velha fábula de Esopo sobre o leão incomodado pelo zumbido e picado pelo mosquito. Precisamos desenvolver a capacidade de ignorar, de suportar, de esquecer. Não apenas a provocações cruéis de gente idiota, mas também a deslizes e erros não intencionais de pessoas que amamos ou respeitamos, para não causarmos mais danos a nós mesmos do que a ferroada desses equívocos.

"Ser um pouco surda ajuda", foi o conselho que Ruth Bader Ginsburg recebeu da sogra e que a guiou não apenas por 56 anos de casamento, mas por uma carreira de 27 anos na Suprema Corte com colegas que ela adorava, mas de quem certamente discordava com frequência, entre eles Antonin Scalia, seu melhor amigo, mas que possuía uma ideologia oposta à dela.

Pense no que Ginsburg, Arthur Ashe e Thalhimer tiveram de suportar durante períodos da história em que as leis e os costumes quase nunca estavam do lado deles. E *você* acha que está com dificuldade para não surtar por causa de, literalmente, uma microagressão? Por favor, né?

Podemos fingir que não vemos. Podemos ignorar o que disseram sobre nós na troca de e-mails em que estávamos copiados. Não precisamos presumir o pior. Não precisamos transformar o zumbido do mosquito em um referendo nacional. Não precisamos deixar que nos abale.

Mas por que você deveria agir assim?

Porque tem um trabalho a fazer. Eles *querem* que você fique incomodado. Porque, se parar e responder a todos os ataques, como disse Lincoln, é melhor já admitir a derrota. Nunca vai realizar nada. Nunca será feliz. E eles terão vencido.

É a coisa mais fácil do mundo responder à intemperança com intemperança. Precisamos lembrar que a falta de autocontrole de outra pessoa não é justificativa para que façamos o mesmo. Assim como não passa uma boa impressão sua para os outros, não é o caminho para o sucesso e a realização.

Arthur Ashe Jr. aprendeu esse autocontrole com seu pai, que, por sua vez, testemunhara-o posto na prática de maneira tão poderosa por William Thalhimer.

O destino de Arthur Ashe Jr. como tenista — como seu próprio destino fará com você — foi alcançado porque ele canalizou as provocações da vida de forma produtiva. Ele marcava presença e entrava em ação para fazer o que tinha se proposto.

Nada. Nenhuma distração. Nenhum contratempo.

Nada poderia detê-lo.

CUIDADO COM AS
EMOÇÕES EXCESSIVAS

No sétimo jogo das semifinais da Conferência Oeste da NBA de 2004, Sam Cassell acertou uma cesta incrível, dando ao Minnesota Timberwolves uma vantagem de dois pontos. Foi um daqueles arremessos que só os melhores atletas são capazes de fazer, sob o tipo de pressão que poucos chegam a experimentar.

Foi por isso que as câmeras e a multidão adoraram o que aconteceu a seguir: enquanto Cassell voltava para a defesa, empolgado e orgulhoso, com os braços pendurados entre as pernas como um berço, dava passos largos e triunfantes e gesticulava como se estivesse se esforçando para carregar seus enormes testículos.

Aconteceu que, no meio da famosa dança das "grandes bolas", Cassell sofreu uma pequena fratura por avulsão no quadril. Como resultado, os Timberwolves, cabeças de chave e com a vantagem de jogar as partidas decisivas em casa, perderam para os Lakers nas finais da conferência em seis jogos. Cassell, limitado pela lesão, fez falta.

Sob o olhar calmo e paciente de quem observa em retrospecto, ninguém trocaria um campeonato da NBA por alguns segundos de comemoração ou provocação, mas esse é o problema de um surto de emoção.

Ele nos cega.

Tira-nos do presente. Sobrepõe-se ao nosso julgamento. Torna impossível ser paciente. Segurar a língua. Resistir à tentação. Ignorar uma bobagem.

Custa caro. Gera arrependimentos.

Às vezes, trata-se de um segundo de arrogância ou empolgação. Raiva. Ansiedade. Avareza. Inveja.

Desejo...

Pense nos homens (e mulheres) poderosos cujas carreiras foram prejudicadas por um escândalo sexual. Tinham poder, influência e futuros promissores. O que deu neles para que arriscassem tudo por um prazer passageiro? Por que alguém tão corajoso e decente como Martin Luther King Jr. traiu a esposa naqueles quartos de hotel miseráveis? O filósofo Demócrito não estava errado quando descreveu o sexo como uma "leve loucura". Ele nos faz perder a cabeça. Ele nos faz cometer atos vergonhosos.

A raiva é apenas uma forma um pouco menos branda de loucura. "A quem os deuses destroem, eles primeiro enlouquecem", disse outro filósofo. Lincoln escrevia suas famosas "cartas quentes" com raiva, mas era disciplinado o suficiente para guardá-las em uma gaveta na escrivaninha em vez de enviar para o destinatário merecedor daquelas mensagens. Em contrapartida, os escândalos mais sem sentido da presidência de Truman foram as notas maldosas que ele enviou, incluindo uma para um crítico do *New York Times* que havia escrito algo negativo sobre sua filha. Para um presidente, em geral autodisciplinado, aquelas missivas, aquelas explosões desinibidas de emoção, eram incomuns. Infelizmente, a raiva se apoderou de um dos melhores de nós.

Quase todos os arrependimentos, todos os erros, todos os momentos constrangedores — sejam pessoais, profissionais ou históricos — têm algo em comum: alguém que perdeu o controle sobre as emoções. Alguém que se deixou levar. Alguém que se assustou ou se colocou na defensiva. Alguém que não estava pensando em nada além do presente.*

Essa é a ironia da obsessão em falar de modo tão positivo sobre "paixões" hoje em dia. Os antigos tinham a visão oposta da palavra [*pathos*, em grego]. *As paixões* eram consideradas muito perigosas.

---

* "A bebida é a lenha da fogueira da paixão", observou Santo Ambrósio. A falta de autodisciplina quando se trata de drogas e álcool torna mais difícil ser autodisciplinado em relação a emoções e decisões.

Algo com que se ter cautela. Porque, mesmo quando eram positivas — o que muitas vezes não eram —, tendiam a desviar o ser humano. Sequestravam a mente ou o corpo. Às vezes, ambos. Codificamos isso até em nosso sistema jurídico, referindo-nos a crimes passionais.

Se você não consegue controlar os impulsos agora, se é manipulado como uma marionete hoje, o que acha que acontecerá quando atingir o nível a que aspira? Quando tiver poder, pessoas dispostas a dar desculpas por você e tiver recursos? Quando não houver muita margem para cometer erros?

As pessoas que estão cumprindo tarefas menos importantes podem se safar por não estarem no controle. Mas você, não.

Não pode se dar ao luxo de arriscar que um momento de egoísmo ou de empolgação custe um campeonato (que também envolve um time inteiro). Não pode permitir que uma decisão impulsiva arruíne tudo pelo que você treinou. Não pode deixar que a emoção ofusque a luz calma e branda.

Talvez outras pessoas possam. Você, não.

Significa que não pode se permitir ser espontâneo ou dar vazão às emoções? Não é isso. Amar e ser amado, sentir paixão. A ideia é evitar dizer algo cruel para alguém amado quando você está chateado... ou trair sua confiança por alguns segundos de tentação. Você pode ficar com raiva... o importante é *não fazer nada porque está com raiva.*

Qualquer emoção intensa poderia substituir a palavra "raiva" nesse contexto.

John Wooden tentava controlar as emoções de sua equipe ao máximo. Descobriu que era um combustível imprevisível e perigoso: "Queria que fossem assertivos, focados e autocontrolados. Quando essas características são combinadas com talento e aprendizagem, a equipe se torna competitiva e atinge os níveis mais altos. O que não acontecerá se forem escravos das emoções".

De todos os maus hábitos a abandonar, libertar-se de tais paixões é o mais difícil. Porque elas acontecem em arroubos. Porque são um combustível muito poderoso e inflamável. Porque, antes mesmo de reconhecermos que estamos sob seu domínio, o estrago já foi feito. Podemos ter emoções intensas, mas ninguém pode se dar ao luxo de ser um *escravo* delas.

O segredo é desacelerar. Pensar bem com calma. Tentar não ser conduzido por forças que não entende ou controla. Assim como um viciado procura os sinais de alerta para o que pode despertar um anseio, devemos estar atentos aos pontos para ancorar nossa autodisciplina antes de nos deixarmos levar. Quer seja ansiedade ou violência, desejo por alguém ou algo, uma celebração ou uma incerteza avassaladoras, devemos intervir e puxar o freio de mão antes que o desejo de agir de acordo com essas emoções ganhe tanto impulso que nos atire contra uma parede.

Sempre, sempre procure a placa de saída quando ela aparecer.

Dizem que, após um longo dia de viagem com seu marido, o príncipe Philip, a rainha Elizabeth o encontrou agitado no meio de uma discussão. Para salvá-lo de si mesmo, chamou sua atenção e apontou para um item na frente deles. "Olhe para a cerâmica", disse calma e lentamente. Distraído de sua raiva, Philip parou, olhou e acabou voltando ao estado de dignidade real. Mais tarde, um político que ouvira a interação foi até o local onde havia ocorrido. Não ficou tão surpreso ao descobrir que não havia cerâmica alguma.

Quando você planeja algo que dá errado, deve parar e arranjar outra coisa para fazer. Quando vir alguém prestes a ser arrebatado pelas emoções, tente ajudá-lo a redirecionar essa energia.

Porque somos nós que estamos no comando. É nosso treinamento. Nosso ensinamento. Nosso talento. Nosso (bom!) temperamento. Esses são nossos guias. Essas características assumem a liderança.

Não nossas emoções.

SILÊNCIO É FORÇA

É tão fácil se maravilhar com a coragem dos espartanos que, muitas vezes, deixamos de lado suas outras demonstrações de força.

Quando disseram que as flechas de Xerxes bloqueariam o sol, Leônidas respondeu: "Então lutaremos na sombra"; e quando outro conquistador afirmou que, se derrubassem seus muros, ele mataria todos os soldados, os espartanos responderam com uma palavra: "*Se...*".

Sem dúvidas, essas réplicas dadas diante da morte exigiram uma verdadeira audácia. Também é inquestionável que o estilo *lacônico* dos espartanos (até a palavra *lacônico* vem de Lacônia, a região da Grécia que tinha Esparta como capital) seja parte essencial de sua cultura de autodisciplina. Nunca usavam duas palavras quando uma bastava. Nunca diziam mais do que o necessário — nunca ficavam de conversa fiada, nunca compartilhavam demais, nunca tagarelavam.

Como Arquimedes explicou certa vez em um jantar espartano: "Um especialista na arte de falar também sabe quando não o fazer." Os espartanos mantinham a língua sob controle, mesmo quando significava a possibilidade de outros pensarem mal deles. Em uma discussão acalorada, um espartano ouviu, mas não disse nada: "Você é estúpido?", perguntou alguém. "Tenho certeza de que uma pessoa estúpida não seria capaz de ficar quieta", rebateu. Dizem que um famoso espartano afirmava ser impossível "encontrar um homem que soubesse mais, porém falasse menos".

Robert Greene define perfeitamente: "Pessoas poderosas impressionam e intimidam ao falar menos."

A ironia é que, com o poder, vem a licença para dizer o que se quiser, quando quiser, para quem quiser. No entanto, é a disciplina para se frear que dá origem à imponência de que as pessoas poderosas desfrutam.

Não é fácil de conquistar, especialmente hoje. O ego não apenas quer se expor e dizer o que pensa, como temos uma tecnologia que o explora e nos tenta a compartilhar, a falar, a entrar em discussões inúteis e a "causar" ao se envolver em assuntos polêmicos.

On-line ou pessoalmente, não conseguimos ficar quietos. Entramos na discussão porque achamos que devemos. Porque não queremos parecer burros (ainda que, ao falar, arrisquemos provar que somos, sim). *Porque simplesmente não podemos conviver com pessoas que estão erradas e não sabem disso.*

Aonde isso nos leva? Em geral, a problemas. Quase nunca gera qualquer tipo de diferença positiva. Quase nunca nos ajuda no que *é mais importante.* Na verdade, é quase sempre uma distração.

Você consegue...

Guardar um segredo?

Segurar a língua sobre algo ou alguém de quem não gosta?

Pedir para outra pessoa dar a notícia?

Tolerar ser mal interpretado?

É uma questão de equilíbrio. Embora seja necessário cultivar a coragem de erguer a voz e falar a verdade, também precisamos desenvolver a autodisciplina para saber quando manter o foco e quando fechar a boca (e dizer o que queremos com o mínimo de palavras).

Não precisa verbalizar cada pensamento. Não precisa sempre dar sua opinião (em especial quando não é solicitada). Só porque há um momento de silêncio, não significa que deve ser preenchido. Só porque todo mundo está falando, não significa que você precise entrar na conversa. É possível lidar com o constrangimento. Usar o silêncio a seu favor. Esperar para ver.

É possível decidir não falar por meio de palavras... e deixar seu trabalho falar por si mesmo.

Angela Merkel é famosa por quase não usar adjetivos nos discursos, mas, quando ela fala, as pessoas escutam, porque sabem que cada palavra está sendo usada por um motivo. Catão escolheu falar apenas quando tinha certeza de que suas palavras não seriam melhores se deixassem de ser ditas. Melhor ser considerado tolo ou simplório do que fazer papel de bobo — e provar que não tem nada a dizer. Arrependa-se do que não disse, não do contrário.

Ser impreciso com a linguagem e se tornar uma vítima do que chamam de "desvio semântico" — exagerar e usar mal palavras importantes até que percam o significado — é o que define não apenas um pensador desleixado, mas um temperamento ruim. Quando você fala, deve importar. Quando diz algo, deve ter um significado.

Lembre-se de que a liberdade de expressão é um direito, não uma obrigação. "Duas orelhas, uma boca", diria Zeno a seus alunos. "Respeite essa proporção."

Deixe que anseiem por suas palavras. Deixe que imaginem o que você está pensando. Deixe que as palavras tenham um peso maior precisamente por serem poucas.

Você pode responder à pergunta com "Não sei". Pode ignorar o insulto. Pode recusar o convite. Pode decidir não explicar seus motivos. Pode não preencher um silêncio. Pode preferir colocar por escrito em um diário. Pode escutar. Pode permanecer quieto. Pode deixar suas ações serem o suficiente.

Pode ouvir mais do que falar. Pode falar apenas quando tiver certeza de que não é melhor deixar não dito.

Você *pode* fazer todas essas possibilidades. Mas será que *vai*?

AGUENTE FIRME
~

Como Churchill deve ter desejado atacar.
Uma vida inteira *empurrando*, como ele descreveu certa vez sua ambição de liderar e estar no centro dos acontecimentos, e agora encarava a ameaça do nazismo depois de anos de advertências.

Churchill estava fora do poder havia uma década. Estava esperando, sonhando e fazendo planos para aquele momento.

Então a hora chegou.

No início do verão de 1940, os alemães haviam derrotado os franceses, cuja liderança implorava aos britânicos que interviessem com a Força Aérea Real no combate. A Itália, antevendo os indícios da derrota francesa, acabara de se juntar à luta e declarara guerra a ambos os países. Uma guerra mundial havia começado. "Este é o momento decisivo", argumentou o comandante supremo de todas as forças do exército francês, Maxime Weygand, em uma reunião em que Churchill estava presente, nos arredores de Paris. Eram "os últimos quinze minutos". "Os britânicos precisam retirar todos os caças da Inglaterra", Churchill o ouviu dizer. "Todos deveriam ser enviados para a França." Para um homem ousado e destemido, um homem que havia previsto aquele cenário terrível e havia acabado de ser reconhecido como primeiro-ministro, Churchill deve ter percebido que uma oportunidade urgente e importante se apresentava.

Ele avançaria para a luta?

Não, não avançaria.

"Este não é o momento decisivo", respondeu Churchill, depois de uma pausa para refletir e equilibrar coragem, autodisciplina e seu pressentimento de que ainda restava uma estrada longa e difícil pela frente. "Não é. O momento decisivo virá quando

Hitler lançar a Luftwaffe contra a Grã-Bretanha. Se conseguirmos manter o comando do ar sobre nossa ilha, o que é tudo que peço, vamos conquistar tudo de volta para vocês... Aconteça o que acontecer aqui, estamos decididos a lutar para todo o sempre."

Churchill deve ter desejado dizer "sim" com toda a força. Tudo o pressionava para que fosse assim — milhões de vidas estavam em jogo, e uma destruição sem precedentes também. No entanto, ele reuniu a sua força interior para rejeitar o pedido de um aliado, negar o que devia se parecer com sua última e única esperança, e salvar os aviões para a Batalha da Grã-Bretanha, uma decisão que a história provou ser a mais adequada.

Você teria conseguido tomar essa atitude? Confia o bastante em si mesmo para se posicionar sozinho? Consegue suportar estoicamente as críticas e os questionamentos e persistir no que sabe ser certo? Mesmo a um grande custo?

Um líder que não consegue... bem, não é um líder. É um seguidor.

Churchill foi provocado em quase todas as conjunturas da guerra. O impulso e a pressão estavam sempre presentes. Por parte dos aliados. Do povo britânico. Do inimigo.

No entanto, o sucesso, como acontece com a maioria das estratégias, dependia da sensatez e de uma moderação criteriosa.

Em 1942 e 1943, a pressão para um desembarque dos Aliados na Europa, que abriria a assim chamada "segunda frente" contra os alemães, aumentou. Mais uma vez, Churchill resistiu. Ao levar um diplomata norte-americano a uma excursão à meia-noite pelo Parlamento, que já havia sido bombardeado, Churchill explicou por que precisava se opor à entrada apressada: "Quando olho para o outro lado deste cômodo, vejo os rostos que deveriam estar aqui. Estou vivo apenas porque meus contemporâneos estão mortos. Abatidos no Passchendaele ou no Somme. Não podemos permitir a dizimação de mais uma geração britânica."

Politicamente, apoiar uma invasão seria o mais fácil. Era o que as tropas queriam. Era o que o povo queria. Mas Churchill era assombrado por visões de soldados britânicos mortos flutuando nas ondas das praias da França e presos de bruços na lama dos pântanos da Bélgica. Ele sabia que teriam apenas uma chance de desembarcar no continente. Não podiam errar. Ele aguentou as súplicas enérgicas de seus aliados por quase dois anos inteiros, não porque tivesse medo de lutar, mas porque sabia que as tropas precisavam de mais tempo para treinar e se preparar. De fato, os desembarques na Itália, em setembro de 1943, foram demonstrações custosas disso, além de treinamentos inestimáveis de como seria difícil uma invasão bem-sucedida na França.

Em 6 de junho de 1944, os Aliados desembarcam na Normandia, com o Segundo Exército Britânico, que contava com mais de sessenta mil soldados, para liderar o flanco oriental da invasão. Era a oportunidade deles. Com foco total e uma autodisciplina notável, Churchill fizera mais do que esperar pelo momento certo... Havia *preparado o momento certo*.

Nossos impulsos nos estimulam. O medo de ficar de fora nos persegue. As dúvidas nos torturam. Todo mundo já foi. E se ficarmos para trás? Resistir a essa pressão requer uma verdadeira disciplina mental. Às vezes, precisamos levantar a mão, não para dar o sinal de seguir em frente, mas para esperar, esperar, *esperar o momento certo*.*

Espere que o mercado alcance o ponto mais baixo (ou mais alto), mesmo que todos gritem que você é louco, que é estúpido. Você sabe que ainda não é a hora. Espere o cargo perfeito para seus talentos, mesmo que seja preciso recusar uma promoção e persistir em negociações contratuais até conseguir o que você tem certeza que merece.

Resista à provocação que o concorrente está lançando para atrai-lo para uma armadilha. Resista à tentação de interromper o oponente enquanto ele usa a corda para se enforcar. Dedique

---

* Ou talvez esperar e pensar melhor sobre os planos, como aconteceu com a invasão fracassada na baía dos Porcos a mando de John F. Kennedy.

tempo a uma estratégia clássica, transgressora ou extremamente ousada, mesmo que deixe de seguir as tendências atuais que todos insistem que são o futuro. Descanse no começo da temporada, como os Spurs, para atingir o pico de rendimento no momento certo. Guarde, guarde e guarde suas reservas... para poder atacar sem dúvidas de que obterá sucesso.

Existe um velho ditado que remonta aos estoicos, mas foi maravilhosamente expresso pelo poeta inglês John Dryden: "Cuidado com a fúria do homem paciente."

Foi difícil para Churchill, porque ele estava furioso. Ele era um homem de ação pressionado contra a parede. Mas, em vez de atacar, ao se focar na luz calma e branda de seu brilhantismo estratégico, ele esperou. Aguentou firme. E, quando deu o tiro, derrubou o alvo.

Não é o mesmo que mentir para si mesmo sobre como, algum dia, esperamos, *talvez* tomar uma atitude. Não; já decidimos. Agora precisamos superar o obstáculo mais difícil: aguentar firme. Suporte os golpes enquanto avança com propósito para acertar em cheio e fazer valer a pena.

Você fará isso?

Na vida, na guerra e nos negócios, muitas vezes temos apenas um momento, uma oportunidade. Ninguém vai nos dar uma segunda chance. Nunca conseguimos voltar e tentar compensar as falhas na preparação, planejar melhor os próximos passos, obter mais influência.

Uma tentativa.

Somos fortes o suficiente para esperar por ela? Conseguimos controlar os impulsos? Conseguimos fazer *valer a pena*?

Sim. Sim, conseguimos.

Temos que conseguir.

MODERE SUA AMBIÇÃO

~

Em 1791, Napoleão, ainda jovem, participou de um concurso de redação com a esperança de ganhar um prêmio de 1.200 francos. O tema era impactante: "Quais são as verdades e os sentimentos fundamentais que um homem deve dominar para ser feliz?"

Ele levou seis meses para escrever, e não ganhou, mas, aos vinte e dois anos, em sua empolgação juvenil, redigiu um excelente alerta sobre a ambição insaciável.

"O que Alexandre [o Grande] almeja ao correr de Tebas para a Pérsia, e então para a Índia? Está sempre inquieto, perde o juízo, acredita ser Deus", escreveria o futuro conquistador. "Qual é o fim de Cromwell? Governa a Inglaterra. Mas não é atormentado por todas as adagas da Fúria?"

Exemplos cruéis de uma intemperança desmedida. Como se não bastasse, Napoleão dá o golpe de misericórdia em um pronunciamento cujo significado é inequívoco:

> A ambição, que leva governos e fortunas à ruína, que se alimenta de sangue e crimes, a ambição... é, como todas as paixões desordenadas, uma febre violenta e irracional que só cessa quando a vida cessa, como uma conflagração que, atiçada por um vento impiedoso, só finda depois de tudo ter sido consumido.

Se ao menos Napoleão, quando adulto, tivesse sido lembrado dessas palavras. Se ao menos alguém o tivesse lembrado de suas próprias considerações sobre os perigos da ambição desenfreada durante os anos turbulentos e destrutivos em que nomeou a si mesmo imperador dos franceses e impôs títulos pomposos como *monseigneur*, *altesse sérénissime* (alteza serena) e *excelência* a si mesmo. Ao mesmo tempo, nomeava parentes incompetentes para tronos por toda a Europa...*

Mas, espere, alguém o alertou!

No início dos anos 1800, Talleyrand, ministro das Relações Exteriores, desenterrou a redação dos arquivos e a entregou a Napoleão como um presente e um aviso, que Sua Majestade Imperial e Real (mais um título que deu a si mesmo) se recusou a aceitar. O autor merecia ser açoitado, afirmou Napoleão sobre seu eu mais jovem. "Que ideias ridículas eu tive e como ficaria aborrecido se tivessem sido impressas", exclamou enquanto jogava o que acreditava ser a única cópia no fogo.

Pouco tempo depois, ele voltaria a preencher o continente com uma geração de corpos e se veria exilado em uma rocha no oceano, onde não poderia causar mais danos à humanidade.

Durante grande parte da história, a vida de Alexandre foi usada como advertência contra a ambição desenfreada. Sim, ele foi brilhante. Sim, realizou feitos inacreditáveis. Mas a que essas conquistas o levaram? Ele ficou vazio. Sozinho. Infeliz. "Vão!", incitou os próprios homens quando finalmente perceberam que ele nunca ficaria satisfeito. "Vão dizer a seus compatriotas que abandonaram Alexandre em sua conquista do mundo."

Mas ele morreu logo depois, e seu império entrou em colapso. O poeta Juvenal comentou que o mundo inteiro não fora grande o suficiente para Alexandre... mas, no final, um caixão bastou.

E tudo isso para quê? Como Napoleão, não tinha a ver com o povo ou uma causa. Ele havia travado guerras ofensivas e agressivas somente por si mesmo. Era uma necessidade patológica, cujas consequências recaíram sobre todos.

---

* Não foi por acaso que a disciplina física de Napoleão desapareceu por volta dessa época. Mesmo os retratistas mais lisonjeiros não conseguiam ignorar sua crescente rotundidade.

É necessária uma quantidade considerável de autodisciplina para abandonar os maus hábitos, em especial os mais danosos. Porém, de todos os vícios do mundo, o mais inebriante e o mais difícil de controlar é a ambição. Porque, ao contrário do álcool, a sociedade a recompensa. Admiramos os bem-sucedidos. Não perguntamos o que estão fazendo ou por quê, apenas como. De modo conveniente, ignoramos a pouca satisfação que suas realizações lhes trazem, o quanto a maioria dessas pessoas é infeliz e o quanto tendem a tornar infelizes todos ao redor.

Sêneca, um homem cuja ambição o colocou em apuros, como Napoleão, diria de um general implacável chamado Mário (o Napoleão de seu tempo) que, enquanto "Mário comandava exércitos, a ambição comandava Mário". Lamentou os líderes, comerciantes e conquistadores que abalavam e perturbavam o mundo, porque eles próprios estavam abalados e perturbados. Mário, Napoleão e Alexandre eram poderosos... mas, em última análise, impotentes. Porque não conseguiam parar. Porque nunca era suficiente. Cobiçaram o controle de milhões porque não tinham controle sobre si mesmos.

Assim como fazemos em relação às drogas ou aos dispositivos eletrônicos, devemos nos perguntar: quem está no comando? Nossa mente? Ou a necessidade servil de sermos grandiosos, os maiores vencedores, os mais ricos, os mais poderosos, os mais famosos? A necessidade de fazer mais, de obter mais, de realizar mais? Precisamos perguntar: o que isso realmente está me trazendo? O que estou ganhando?

As realizações de Napoleão o tornaram feliz? Poder e riqueza nem ao menos o deixaram seguro! Além da culpa e da vergonha, sem dúvida merecidas, ele morreu sozinho na segunda ilha em que foi exilado, no meio do oceano!

Essa crítica não significa que todas as realizações devam ser desprezadas. Como seria o mundo se ninguém fizesse nada? Se ninguém se esforçasse para melhorar ou fazer mais? Se não tivéssemos ambição — algum grande objetivo para alcançar —, como saberíamos a que pequenas coisas, a que distrações, devemos dizer "não"?

A ambição é boa, mas deve ser *moderada*. Como todos os elementos da autodisciplina, trata-se de equilíbrio. O monge ou o padre que tenta reduzir as próprias necessidades a nada, que rejeita tudo e todos em busca da perfeição espiritual, não é tão diferente do bilionário que continua construindo e construindo, ou do atleta que nem pensa em se aposentar. Por outro lado, quem não sonha com nada, quem não acredita em nada, quem não tenta nada... Bem, isso também não é o ideal.

Estamos falando de temperamento. Devemos ter um senso de identidade e valor que possa conter a ambição incessante antes que "transborde", como advertiu Shakespeare.

Sem o freio que nos impede de nos deixarmos levar, a ambição não apenas nos priva da felicidade, como pode muito bem nos destruir... e prejudicar os outros. É o que sempre acontece no caso dos conquistadores insaciáveis, seja com vítimas inocentes das guerras que travam, com as pessoas que usam e descartam pelo caminho, com as famílias que negligenciam no processo ou com os incontáveis imitadores que se inspiram neles.

Não precisamos de realizações para nos sentirmos bem ou sermos bons o suficiente. Então precisamos de quê?

A verdade: não muito!

Comida e água. Um trabalho que nos desafie. Uma mente calma em meio à adversidade. Sono. Uma rotina estabelecida. Uma causa com a qual estejamos comprometidos. Algo em que estejamos melhorando.

Todo o resto é extra. Ou pior, como a história tem mostrado inúmeras vezes; trata-se da fonte de nossa dolorosa queda.

O DINHEIRO É UMA FERRAMENTA (PERIGOSA)

Babe Ruth ganhou mais dinheiro como atleta do que uma pessoa poderia gastar de forma razoável na vida. No entanto, lá estava ele, esbanjando como se não houvesse amanhã.

Seu salário de novato de 600 dólares — na época que um pão custava cinco centavos — era repartido em contracheques de 50 dólares duas vezes por mês. Quando Ruth recebeu o primeiro pagamento, comprou uma bicicleta. Quando começou a ganhar muito dinheiro, vieram os carros esportivos, os ternos sob medida, os casacos de couro, as camisas de seda, os alfinetes de gravata de diamante e as idas frequentes a cassinos e hipódromos. Quando surgiram boatos de que seu casamento passava por uma crise, Ruth comprou um casaco de *vison* de 5 mil dólares para a primeira esposa. Em 1928, quando os Yankees conquistaram o título, Ruth reservou quatro quartos e deu uma festa em um hotel. Ao descobrir que o lugar não tinha piano, comprou um. Seu salário no beisebol era maior do que o do presidente dos Estados Unidos, mas ele costumava começar a temporada de treinos na primavera pedindo dinheiro emprestado aos companheiros de equipe até que chegassem os pagamentos. "Ele não tinha a menor noção sobre dinheiro. Não parecia achar que algum dia iria acabar. Comprava tudo que queria", comentou um gerente.

O vestiário dos Yankees caiu na gargalhada ao ouvir Ruth dizer a Gehrig, quando jovem: "Economize seu dinheiro. É preciso pensar no momento que não poderá mais jogar beisebol." Na época, estimava-se que Babe havia gastado centenas de milhares de dólares com um estilo de vida extravagante.

Deve ter se divertido mais do que um homem frugal como Catão. Mas também se arrependeu do lado perdulário (assim como seus herdeiros), tanto quanto de sua gula.

Muita gente "rica" se vê nessa posição. O objetivo do sucesso deveria ter sido a segurança, a liberdade e o contentamento, mas, em vez disso, trouxe ansiedade, inveja e instabilidade.

"Minha única preocupação na vida é o dinheiro", confessou Churchill certa vez ao irmão. Ao contrário da maioria da classe alta britânica, ele trabalhava para ganhar a vida e se tornou um dos escritores mais bem pagos do mundo. Mas isso pouco importava, uma vez que ele era, como sua mãe o descrevia, "uma peneira perfeita no que diz respeito a dinheiro".

Ele ganhava rápido e gastava mais rápido ainda, então se perguntava para onde tudo tinha ido. Sua amada Chartwell, uma propriedade no interior da Inglaterra, foi uma compra tão impulsiva e imprudente que quase lhe custou o casamento. Churchill perdeu 50 mil dólares ao especular na bolsa de valores em 1929. Foi uma perda terrível com a qual ele não podia arcar, mas com a qual não aprendeu nada. Logo retornou à bolsa e perdeu três mil dólares em um único mês em ações da Montgomery Ward. Isso além das jogatinas em que se envolvia nos cassinos da Europa.

Como se o mundo não fosse assustador o suficiente em sua época, Churchill falava da sensação de estar afundando no abismo... porque, financeiramente, estava. Certa vez, ele se desenharia como um porquinho sobrecarregado com um peso de dez mil quilos nas costas. Mesmo durante a Blitz, discutia com seu agente sobre royalties e pensava em isenções fiscais.

Por quê? *Por quê?* Por falta de disciplina. Era uma tentativa de dar a si mesmo o que não recebera dos pais, de comprar o amor e a diversão de que jamais desfrutara. Era uma tentativa de provar a si mesmo, de estar na roda dos melhores, dos mais brilhantes e dos mais ricos de sua época. Felizmente, Churchill era um homem vital e cheio de energia, mas quanto dessa vitalidade foi desperdiçada? Para quê? Mesmo que tenha tido a sorte de se safar, seu filho, que herdou os hábitos, mas não os talentos do pai, não teve tanta sorte. Se ao menos seu pai pudesse ter *se refreado*.

Quando suas escolhas transformam você em alguém que precisa se preocupar com dinheiro, então você não é rico... não importa quanto ganhe.

Do outro lado do Atlântico, o autor F. Scott Fitzgerald se esgotou de forma semelhante. Era apaixonado pela riqueza e pelo glamour. Era motivado e extremamente talentoso, mas também imaturo, em um casamento que trazia à tona o pior para as duas partes. "Eu costumava escrever para mim mesmo", lamentou o autor enquanto encarava as dívidas sem fim. Teve que começar a escrever para manter os cobradores à distância, para se livrar de um buraco em relação a seus editores e amigos. Isso destruiu sua confiança... Roubou-lhe o amor que tinha pelo ofício. Apesar dos ganhos ao longo da vida, que equivaleriam a milhões de dólares hoje, ele morreria quase falido, em um quarto de hotel, sozinho. Sua fortuna se fora, e tinha custado vários anos de grandes escritos perdidos.

"Esse pobre filho da puta", disse Dorothy Parker enquanto observava Fitzgerald aos 44 anos no caixão. O que mais a impressionou foram as mãos velhas e enrugadas que evidenciavam, em silêncio, o estrago de todos os excessos, todas as indulgências, algo que nem mesmo o mais habilidoso embalsamador seria capaz de esconder.

Se tem dinheiro, gaste. O problema é quando as pessoas gastam o que não têm para conseguir coisas que não precisam por um preço que nem chega perto de valer a pena.

Felizmente, Churchill tinha autocontrole suficiente — ou talvez sorte — para nunca passar dos limites por completo. Nunca chegou ao fundo do abismo, mas foi por pouco. E como teria sido diferente o destino do mundo se isso tivesse acontecido...

O que faz você pensar que pode arcar com esse risco? Que é tão talentoso que a fonte nunca secará? Que pode se sobrecarregar de tal maneira? Que não será corrompido pela necessidade infinita de mais, mais e mais?

Vale a pena reservar um minuto para explicar que viver além das próprias condições não é a única forma de gerenciamento imprudente de dinheiro. A virtude da moderação de Catão também pode ser levada ao excesso, como talvez tenha acontecido com ele. É irresponsável ser mesquinho e avarento, transformar a vida e a vitalidade em pó ao tentar economizar quantias minúsculas em coisas que não importam.

A disciplina com dinheiro é algo relativo. A internet está repleta de pessoas legitimamente ricas que compartilham dicas sobre como reutilizar os sacos de lixo e usar cupons para conseguir descontos em compras nas quais nem deveriam pensar duas vezes.* Não se preocupam com coisas pequenas, preocupam-se com coisas *microscópicas*. É importante economizar, é lógico; queremos apenas ter certeza de que isso não está nos custando o recurso mais precioso: *tempo*. Também pode nos custar relacionamentos com pessoas que amamos —, o cônjuge, os filhos, os amigos —, que talvez não sejam tão severas consigo mesmas.

Durante séculos, pessoas em ambos os opostos do espectro financeiro interpretaram mal o valor e o propósito do dinheiro. Fitzgerald achava que os ricos eram especiais, diferentes dos outros. Hemingway escreveria em resposta: "Sim, eles têm mais dinheiro."

O dinheiro não é bom ou ruim. É uma ferramenta. A escrita de Churchill, por exemplo, sustentou-o durante o exílio no deserto político. Se o dinheiro proporciona liberdade ou vantagens, ótimo. Mas, se por acaso se tornar um vício ou gerar um distúrbio — ou pior, uma distração —, não é bom. Como qualquer ferramenta poderosa, também envolve perigos e deve ser manejado com segurança e consciência (além de não ser para pessoas fracas de caráter).

---

* Devemos estar atentos à facilidade com que isso se torna ganância, vendo o dinheiro como todo *nosso*. Frugalidade e generosidade raramente parecem andar juntas.

Dinheiro não compra felicidade, mas pode nos livrar de algumas frustrações. Tampouco pode nos dar liberdade, se dependermos dele para proporcionar coisas de que não precisamos... ou mais do que qualquer pessoa razoável precisa de fato.

O problema é que muitos de nós mesmos nos dizemos que, algum dia, estaremos acima dessas preocupações; que, se ganharmos o suficiente ou sermos bem-sucedidos o suficiente, não precisaremos levar nada disso em consideração. Estaremos além da moderação e da consciência financeira. Teremos transcendido as preocupações cotidianas do ser humano comum. Poderemos simplesmente fazer o que quisermos, quando quisermos, o quanto quisermos. Porque seremos "bons", teremos "chegado lá".

O problema é que *esse momento nunca chega.*

A ideia de ter dinheiro suficiente para não se preocupar com nada nem ninguém é uma falácia. Você nunca consegue chegar a tal estado. Ninguém consegue. Pessoas pobres têm problemas de pessoas pobres, e pessoas ricas têm problemas de pessoas ricas, porque pessoas têm problemas. Você sempre estará sujeito à necessidade de autodisciplina. Ou, pelo menos, nunca estará imune às consequências de ignorá-la.

Afinal, será que não se preocupar com nada nem ninguém é mesmo um objetivo tão admirável assim? Ter tanto a ponto de se tornar alheio a tudo? Isso não é virtude, é infantilidade. Você só precisa de dinheiro o suficiente para se sentir confortável para dizer educadamente: "Não, obrigado. Prefiro não fazer isso." Nunca ter que fazer nada que seja contrário aos seus valores apenas para ganhar mais. Ser capaz de resguardar o que é importante.

Nenhuma quantia vai libertá-lo. Mas, ser menos dependente, se importar menos com dinheiro? Isso, sim.

Há um chiste que conta que o estoico Musônio Rufo, para lidar com a ganância de alguém particularmente frustrante, pagou-lhe bem para ir embora. Quando um seguidor objetou e apontou as muitas falhas do homem, o filósofo sorriu e disse: "Dinheiro é exatamente o que ele merece."

Mas pode ser uma faca de dois gumes.

Muitas pessoas ganharam muito dinheiro... o que não necessariamente as torna piores. Lou Gehrig e Babe Ruth pertenciam ambos ao 0,001%. A rainha Elizabeth e o rei George IV herdaram joias e fortunas de valor inestimável. Somos nós quem decidimos que direção iremos tomar. Melhor ou pior? Um luxo ou um fardo?

Somos quem decidimos se vamos *merecer* o que conseguimos.

SEJA CADA DIA MELHOR

Sócrates não sabia demais. Não havia muito que tivesse como certo.

Mas afirmou que tinha certeza de que "não podemos permanecer como estamos".

Não importa quem você seja. Não importa o que tenha feito. Ninguém é tão bom quanto poderia ser. Ninguém é perfeito. Todos podemos melhorar.

Existem poucas profecias autorrealizáveis mais importantes ou mais perigosas do que essa.

Se acha que tem espaço para crescer, você tem. Se acha que já é o melhor que poderia ser, você tem razão. Não vai melhorar.

Dizem que Tom Brady, o maior quarterback da história — o jogador mais jovem e o mais velho a vencer um Super Bowl —, não é obcecado por vencer. Não é esse seu objetivo. Ele é obcecado com melhorar a precisão dos passes para touchdown no último quarto. É obcecado com ficar um pouco mais rápido ao lançar a bola. Não está disposto a permanecer o mesmo, ainda que esse "mesmo" seja sempre o melhor da liga de futebol americano. O processo de melhorar é sua droga. É o dragão que ele persegue, é como consegue desafiar o processo de envelhecimento e todas as expectativas.

A palavra japonesa para isso é *kaizen*. Melhoria contínua. Sempre encontrar algo para desenvolver, algo no qual possa fazer um pequeno progresso. Nunca estar satisfeito, sempre buscar crescer.

Revolução? Transformação? São os objetivos dos amadores. Os profissionais estão em busca de *evolução*.

Se o primeiro passo é marcar presença e se comprometer a partir para a ação todos os dias, o passo seguinte é encontrar algo em que se concentrar para *melhorar* a cada dia. Quando a melhoria cumulativa encontra os retornos compostos, podemos aproveitar uma das forças mais poderosas da Terra.

Pense: a maioria das pessoas nem marca presença. De todos que o fazem, a maioria não se esforça. Então, marcar presença *e* ser disciplinado para melhorar a cada dia torna você o mais raro dos raros.

E se melhorar for difícil, que tal apenas cometer menos erros?

Foi o que o treinador de Gehrig disse sobre ele. O segredo de sua incrível trajetória como atleta não era apenas seu comprometimento, era que ele nunca cometia o mesmo erro duas vezes. O cara que começou a carreira errando pelo menos uma jogada por entrada melhorou até cometer apenas um erro por jogo, depois um por semana, então um por mês...

Errar é humano, mas errar cada dia menos é se aproximar do divino.

Assim, não apenas avaliamos nossas ações a fim de manter certo nível, mas o aumentamos à medida que avançamos. Da mesma forma que acontece com musculação, a carga deve continuar aumentando a cada série de treinos. A insatisfação com nosso desempenho atual, a vontade de progredirmos, é o que nos impede de estagnar. É o que nos leva adiante.

É um pouco desanimador parecer que nunca "chegamos" lá? Que nossos padrões estão fora do alcance de nossas capacidades? Não! Mudamos as traves de lugar para que o jogo não fique chato e, mais importante, para que nunca acabe. Em última instância, isso nos traz mais prazer e satisfação. Atingimos metas de que nunca seríamos capazes de outra forma.

Você quer apodrecer ou amadurecer? Está melhorando? Porque, se não estiver... provavelmente está piorando.

Qualquer um, seja um atleta profissional ou uma faxineira, pode melhorar no trabalho. Pode melhorar como pessoa, cidadão, filho ou filha. Pode melhorar a forma como pensa, como se concentra e em que foca.

"Do mesmo modo como alguns se deleitam em melhorar sua fazenda, e outros, seu cavalo, eu me deleito em aprimorar a cada dia que passa", afirmaria Epicteto, ecoando Sócrates. Disse isso como um homem que havia conseguido se livrar da escravidão. Disse isso do exílio. Disse isso como um dos homens mais sábios da Antiguidade. Ainda assim, estava focado em como poderia melhorar a cada dia, em todos os sentidos.

Pode-se imaginar que, para Epicteto, essa disciplina teria sido de extrema utilidade naqueles tempos sombrios, uma vez que lhe dava algo em que se concentrar — algo que só ele controlava, não seu mestre, nem a sociedade ou sua posição nela. Mas essa disciplina também é útil nos tempos bons, pois freia a arrogância e a complacência.

Não importa o que diga o placar, o saldo bancário, os números de vendas ou as manchetes. *Você sabe.* Sabe se está melhorando ou piorando, se está progredindo dia após dia. Se estiver? Maravilha. Se sabe que há espaço para melhorias? Maravilha também. Em qualquer caso, seus lemas são os mesmos.

Aconteça o que acontecer, sucesso ou fracasso, fama ou desgraça, o foco no progresso permite que nos olhemos no espelho com orgulho e ignoremos toda a comoção ao fundo.

É uma jornada de toda uma vida. Na verdade, eis como devemos pensar: quanto progresso seria possível obter se houvesse um pequeno progresso a cada dia ao longo de uma vida inteira? Como seria essa jornada, aonde poderia levar, se cada passo para a frente apresentasse tanto a oportunidade quanto a obrigação de dar outros, e você aproveitasse cada um deles, agarrasse as oportunidades, cumprisse com as obrigações, sempre?

Você vai escolher essa jornada? Seguirá em frente mesmo quando chegar mais longe do que jamais imaginou que seria possível? Ou vai parar por aí?

Vai continuar treinando? Ou decidiu que já é *bom o bastante*? Que *você* é bom o bastante?

Vai continuar como está? Ou se tornar o que é capaz de ser?

Uma vez que você para de melhorar, só há uma direção a seguir...

"Faça o melhor que puder", diz o imperador no romance de Marguerite Yourcenar, *Memórias de Adriano*. "Faça tudo de novo. Então melhore ainda mais, mesmo que seja com leves retoques."

É uma bela ironia: nunca estamos satisfeitos com nosso progresso e, no entanto, estamos sempre satisfeitos... porque estamos progredindo.

COMPARTILHE A CARGA

Em 1956, Harry Belafonte ligou para Coretta Scott King. O marido dela havia sido preso mais uma vez, e ele a procurou para ver se a escritora ou o movimento dos direitos civis dos negros nos Estados Unidos precisavam de algo. Mas os dois mal puderam conversar, pois ela se afastava do telefone a todo instante para falar com uma das crianças, tirar o jantar do forno ou atender a porta.

Ao perceber que ela estava cuidando de tudo aquilo sozinha, Belafonte perguntou de modo educado por que os King não tinham contratado gente para ajudá-los em casa, ao que ela respondeu: "Martin simplesmente não permitiria. Tal luxo seria um exagero para o salário de um pastor." Eles se preocupavam com o julgamento dos outros. Parecia errado que os King se dessem a esse luxo, enquanto milhões de negros sofriam.

"Isso é ridículo", retrucou Belafonte. "Ele é o líder do movimento, faz tudo o que faz e está se prendendo no que as pessoas vão pensar se contratar alguém para ajudar vocês?" "Sua vida vai ser outra daqui para a frente", assegurou Belafonte. Ele pagaria do próprio bolso, e Martin não teria nada a dizer sobre o assunto.

Não foi apenas uma gentileza em prol de uma família sobrecarregada. Foi uma manobra estratégica. O que Belafonte estava proporcionando a Martin e Coretta não era apenas ajuda, mas tempo. Paz de espírito. Proteção. Sabia que, com alguém para dividir as tarefas domésticas, eles teriam mais energia e mais foco para dedicar à causa. Seriam mais fortes e mais eficazes. A última coisa com que ele queria que Martin Luther King Jr. se preocupasse enquanto marchava por paz e justiça era se havia leite na geladeira.

É preciso disciplina para não insistir em fazer tudo sozinho. Em especial quando se sabe como fazer bem muitas dessas coisas. Em especial quando possui altos padrões de como tudo deve ser feito. Mesmo que goste de pôr a mão na massa — seja para cortar a grama, escrever discursos, organizar a própria agenda ou atender o telefone.

Como Plutarco nos lembra, embora um líder deva saber como fazer tudo, não pode, de jeito nenhum, fazer *tudo*. Não é física nem mentalmente possível.

Muitas vezes, a melhor maneira de gerenciar a carga é *compartilhá-la*.

Coitada da pessoa que se desgasta com assuntos triviais e, depois, quando chegam os grandes momentos, está sem energia. Coitada da pessoa (e daquelas ao seu redor) que está tão mentalmente exausta e tensa por ter assumido todas as responsabilidades que, quando algo dá errado, não tem folga nem nada para absorver o estresse extra.

Um glutão não é apenas alguém que come ou bebe demais. Também há os glutões de punição. Glutões de atenção. Glutões de controle. Glutões de trabalho. O que torna isso tão difícil de identificar, e mais ainda de controlar, é que, com grande frequência, trata-se de um comportamento que vem de uma boa intenção, como era o caso de Martin Luther King Jr. Nós nos sentimos na obrigação de fazer tudo, ficamos mal por gastar o dinheiro e culpados demais para pedir ajuda. Não importa o quão boas sejam as intenções, o resultado é o mesmo: nós nos desgastamos. Prejudicamos a nós mesmos e à causa, negligenciamos o mais importante. Acabamos privando o mundo do progresso — dos benefícios do que os economistas chamam de *lei das vantagens comparativas*.

Você precisa ser capaz de passar a bola... ainda mais quando alguém está livre e tem mais chance de pontuar. Precisa saber dividir a posse com outros jogadores, como os titulares dos

Spurs estavam dispostos a fazer, porque é para isso que as *equipes* servem.

Os inseguros são incapazes de tal feito. Eles temem ser criticados. Temem deixar que alguém veja os bastidores. Tiranos também são incapazes disso. Egocêntricos são incapazes disso. Pessoas mesquinhas são incapazes disso. Querem tudo para si. Não são fortes o suficiente para suportar ser outra coisa senão o centro, o singular, a única fonte de realização.

E o que acontece com a maioria dos regimes tirânicos? Fracassam.

Não faz sentido tentar fazer tudo sozinho. É preciso delegar. É preciso encontrar pessoas que sejam boas em determinadas tarefas e capacitá-las para ajudar você. É preciso ser forte para entregar as chaves, abrir mão do controle e desenvolver um sistema — uma organização — que seja maior do que indivíduos. Se quiser manter o mais importante como o mais importante, talvez necessite contratar alguém como intermediário — alguém que diga "não" por você.

Nossa força de vontade não é suficiente. Não deveríamos ser obrigados a derramar cada gota de suor. Precisamos compartilhar. Isto é, se você estiver tentando *crescer*. Se estiver tentando construir ou fazer algo importante, algo maior do que apenas você.

Sem dúvida, há uma certa dose de privilégio nessa escolha. Nem todos têm condições de contratar funcionários em tempo integral ou contam com alguém disposto a pagar a conta. Mas todos devemos saber quanto vale uma hora de nosso tempo. Devemos ter disciplina para descobrir a melhor forma de gastar esse tempo e como investir os frutos que produz.

Não importa o quão bem-sucedido ou importante sejamos, todos temos tarefas que podem ser automatizadas. Todos temos tarefas herdadas que deveriam ser transferidas. Tudo na vida é um esporte de equipe.

Se tem consciência dessas ineficiências, mas ainda assim se recusa a delegá-las... Se continua tentando fazer o trabalho de todo mundo...

Pare de procrastinar. Delegue.

Não será barato, e seria ignorante e arrogante insistir no contrário, mas vale a pena porque nos proporciona o que há de mais caro no mundo: tempo.

Ao obrigar Martin Luther King Jr. a delegar, Belafonte deu ao amigo — e, por extensão, à sociedade — um presente: mais tempo para fazer seu trabalho essencial. De modo figurativo, todos enfrentamos um relógio que não para, mas o de King era tragicamente mais veloz. Cada minuto que ele e Coretta precisavam gastar com as tarefas domésticas era tempo perdido.

Mas e quanto aos momentos que conseguiam passar juntos? Porque delegar não proporciona apenas tempo, mas espaço, liberdade. Permite-nos informar, pensar, conectar e apreciar. Mais tarde, um entrevistador perguntou a King o que ele faria se tivesse uma semana ininterrupta de descanso. Depois de zombar da simples possibilidade, dadas as injustiças do mundo e as demandas do Movimento dos Direitos Civis à época, King respondeu:

> Se tivesse o luxo de uma semana inteira, passaria meditando e lendo, revigorando-me espiritual e intelectualmente. [...] Em meio à luta, às frustrações e ao trabalho sem fim, muitas vezes reflito que estou sempre *doando*, mas nunca paro para receber. Sinto uma necessidade urgente de me afastar por pelo menos uma hora, para me retirar, para me reabastecer. Preciso de mais tempo para pensar no que está em curso, afastar-me das engrenagens do movimento e refletir sobre seu *significado*.

O que você faria com uma semana como essa? Com uma hora? Com uma pequena ajuda que lhe permitisse resguardar um tempo e um espaço extras para si mesmo? Mas não se trata de qualquer tipo de tempo: é o tempo para refletir e pensar. E não se trata de qualquer tipo de espaço: é o espaço para aprender e planejar.

Juntos, esse pouco tempo e espaço de cada dia se combinam para gerar uma oportunidade de meditar sobre o que nos é importante e examinar o curso de nossa vida.

Você merece, mas só há uma maneira de conseguir isso.

Delegar. Pedir ajuda. Fazer uma mudança.

RESPEITE O TEMPO

~

Como novato do New York Knicks, o jovem Phil Jackson passava a maior parte do tempo no banco. Uma noite, ao final de um jogo, estava no meio de uma conversa com outro reserva quando o técnico Red Holzman o pegou de surpresa. "Quanto tempo falta, Jackson?", perguntou o homem. "Um minuto e 28 segundos", respondeu o jogador. "Não, quanto tempo temos para fazer uma cesta?", rebateu Red, e, óbvio, Jackson não sabia. "Você precisa saber", disse o treinador, irritado. "Você pode entrar no jogo e, se não souber o tempo, vai ser um problema. Não quero ver isso acontecer de novo."

Todos temos as mesmas 24 horas por dia, assim como cada time de basquete tem 24 segundos por posse de bola na quadra. Não estar ciente do tempo, não o respeitar, não saber como usá-lo e gerenciá-lo... não é apenas ser desleixado, é ser idiota.

Você é o titular, sempre. Precisa estar consciente do tempo justamente porque nunca sabe quando ele vai acabar. É o que significa o lembrete *memento mori*. Ninguém espera que o tempo ou a vida durem para sempre... Em algum momento, eles se encerram para todos nós.

A busca da disciplina significa sermos disciplinados em tudo, em especial nas coisas pequenas. E o tempo, como o gastamos e seus curtos incrementos, é algo pequeno que, na verdade, equivale a algo muito grande.

Algumas pessoas afirmam que o tempo é apenas um conceito. Se for verdade, talvez seja a maior criação da humanidade. Porque trata-se da forma como medimos o único recurso não renovável que temos. Não é possível repô-lo. Uma vez perdido, o tempo não pode ser recuperado. É também uma força poderosa, como pode atestar qualquer um que já tenha observado pequenas quantidades de juros aplicadas durante um período longo.

Como podemos atestar, ao desperdiçar o tempo, desperdiçamos a vida. Quando matamos tempo, matamos a nós mesmos. Precisamos aprender a usá-lo, ou então *nos* esgotará.

É por esse motivo que fazemos o trabalho na hora. Que vamos direto ao ponto. Que seguimos a agenda. Que não jogamos conversa fora, não toleramos digressões nem cedemos às distrações. Que mantemos a mesa limpa — para não perdermos tempo em busca do que queremos. Que nos levantamos cedo — para termos *mais* tempo, sem interrupções, no momento mais produtivo do dia. Que somos resolutos ao que dizemos "sim" ou "não", porque entendemos que o tempo é um presente... e a que o dedicamos é importante.

De forma mais prática, o poeta W. H. Auden disse que "o estoico moderno sabe que a maneira mais segura de disciplinar os impulsos é disciplinar o tempo: decidir o que se quer ou se deve fazer durante o dia, então fazer sempre exatamente no mesmo momento todos os dias. Assim, os impulsos não causarão problemas". Não é preciso seguir esse conselho em sentido literal para entender sua mensagem mais profunda: a rotina é uma ferramenta essencial na gestão do tempo e na supressão das forças negativas de distração, procrastinação e preguiça.

A pessoa que acorda a *qualquer hora*, faz *qualquer coisa* e ordena seu dia *de qualquer maneira* nunca terá tempo suficiente, pois ela sempre ficará para trás. Mas o indivíduo mais disciplinado; alguém como Toni Morrison, que acorda quando deve; como William Stafford, que faz primeiro o mais difícil; ou como Booker T. Washington, que diz "não" ao que não é essencial? Trata-se de alguém que faz pleno uso de seu tempo.

Reserve um minuto para pensar em como passou o último ano, o último mês, a última semana, o último dia. Pense em quanto tempo foi desperdiçado, quanto dos afazeres você fez pela metade, quanto gastou apenas reagindo a situações fora de seu controle. E, mesmo que os resultados sejam aceitáveis, era possível ter feito melhor. Todos poderíamos.

Os momentos entre os momentos que deixamos passar, tudo que foi feito com preguiça e precisou ser refeito, tudo que concordamos fazer, mas que não deveríamos. Poderíamos ter feito melhor... se fosse possível. Simplesmente não há como escapar do fato de que aqueles momentos se foram para sempre, que *nunca* vamos recuperar esse tempo.

Você perdeu oportunidades de melhorar. De progredir. Não deixou a paciência trabalhar a seu favor. Desrespeitou outras pessoas (que fez esperar). Desrespeitou sua causa (por tê-la privado da sua presença).

Mas o lado positivo dessa tragédia é que a vida lhe deu uma segunda chance.

Pelo menos por enquanto.

Porque você tem hoje. Tem o presente.

Como você vai usá-lo? O que vai fazer? O que isso vai significar?

Vamos ser claros: não é sobre se apressar. Certa vez, a mãe da rainha Elizabeth foi levada às pressas em público por um assessor que alegou que eles estavam sem tempo. "O tempo não é meu ditador", respondeu a rainha-mãe ao parar e apertar a mão de cada pessoa que esperava para vê-la. "Eu dito o tempo."

Embora, em última análise, o tempo seja, sim, o ditador de nossa presença neste mundo, nós *de fato* ditamos a forma como o usamos. Desde que estejamos conscientes de sua passagem, seu valor e da importância de gerenciá-lo bem. Contanto que o estejamos fazendo trabalhar para nós, mesmo que, simultaneamente, ele trabalhe contra nós no sentido mortal.

Agora é a hora. Porque *agora* é o único tempo que você tem.

IMPONHA LIMITES

~

George Washington era famoso por ser reservado, por manter as emoções e os próprios sentimentos para si. Os assessores mais próximos de Angela Merkel nunca viram o interior de seu apartamento.

É difícil acreditar que, após a vida que a rainha Elizabeth passou diante das câmeras, conhecendo tantas pessoas e fazendo tantas aparições, discursos e audiências com líderes mundiais, quase ninguém consiga responder à tentadora e fascinante pergunta:

"Como era a Rainha?"

Ela nunca gravou uma entrevista oficial com um repórter... em sete décadas! O xá do Irã uma vez lhe perguntou se, durante seu reinado, houve mais primeiros-ministros trabalhistas ou conservadores. Mas a Rainha não sabia... porque não era da sua conta. Não teria sido apropriado.

Elizabeth não era apenas uma observadora das várias regras de sua profissão; sua moderação ia além de não se envolver na política. Seus netos atestam que a avó quase nunca lhes dava conselhos explícitos e *nunca* dizia o que deviam fazer. Achava apenas que fazer a pergunta certa, ou melhor, ouvir sem julgar, permitiria que eles descobrissem por si mesmos.

Que palavra resume essa postura?

Limites.

Infelizmente, esse tipo de disciplina é muito raro hoje em dia.

Em um mundo de redes sociais, gratificação instantânea e celebração do descaramento, não costumamos respeitar quem estabelece e mantém limites. Que cuida da própria vida. Que define as regras a serem seguidas. Que mantém privada a vida privada.

Que não deixa que outros o arraste para a lama. Que não se perde nas disfunções dos outros (nem os enreda nas suas). Que são firmes para comunicar do que gostam e do que não gostam. Que respeitam o espaço e as preferências dos outros.

Em uma primeira análise, trata-se de algo básico que quase ninguém domina.

Pense em todas as palavras que usamos para descrever pessoas assim:

exibicionista;
caótico;
capacho;
dramático;
intrometido;
influenciável;
agitador;
fofoqueiro.

Vivemos em uma época de vulgaridade, tolice, imaturidade e egoísmo. Uma época de liberdade, cujo significado decidimos ser uma permissão para a estupidez, a falta de seriedade e o excesso. Repare em nossos novos heróis: estrelas de *reality shows*. Influenciadores. Lutadores profissionais. YouTubers. Demagogos.

Essas pessoas não são heróis. São exemplos negativos. Devemos admirar as pessoas caladas. Dignas. Reservadas. Sérias. Profissionais. Respeitosas consigo mesmas e com os outros.

Muito tempo atrás, Plutarco lembrou aos líderes que eles não receberiam muita adoração dos súditos se fossem vistos com frequência ao redor do fogo, mastigando de boca aberta. Na ocasião, o filósofo se referia ao tipo de distanciamento e reserva que a rainha Elizabeth, Angela Merkel e George Washington praticavam. Catão, por sua vez, era um ávido defensor do que era conhecido como *mos maiorum*. Isto é, o modo de vida implícito e também explícito de seus avós. Aquelas regras, entre os bons modos e a moral, que nos dizem como agir, tratar os outros, nos comportar, o que fazer quando levamos uma multa por excesso de velocidade ou o que fazer quando há uma margem de manobra entre as leis e as regras e aquilo com que conseguimos nos safar.

Só que é mais do que isso.

Limites têm a ver com traçar algumas linhas ao seu redor, fronteiras saudáveis entre o que você vai compartilhar e o que não vai, o que vai aceitar e o que não vai, como vai tratar os outros e como espera ser tratado, o que é sua responsabilidade e o que não é. Ou como Jay-Z explicou uma vez, particularmente em relação a se acostumar ao sucesso e à fama: "Trata-se de saber quem você é e fazer apenas aquilo com que se sente confortável, sem deixar que as pessoas o empurrem em mil direções diferentes. Porque se você permitir... elas vão querer que você faça de tudo, mas o importante é que faça sentido para *você*."

Manter o mais importante como o mais importante é impossível se você não for capaz de dizer "não" ou recuar quando jogam muitos fardos nos seus ombros. Não dá para manter a cabeça no lugar em situações estressantes se você não tiver ideia de quem é ou o que você representa. Não pode ser um pai forte se sua vida estiver um caos ou se ainda deixar seus pais passarem por cima de você. Como fará qualquer coisa se as tentações das redes sociais dominarem a sua vida? Como poderá superar um fracasso se estiver preocupado demais com o que os outros pensam? Você não fará o melhor trabalho se estiver sempre microgerenciando o de todo mundo.

Existe uma expressão — *vampiros de energia* — que descreve pessoas que, por falta de limites, sugam os outros com carência, egoísmo, disfunções e drama. Não apenas não devemos ser vampiros de energia, como também devemos ter consciência de que esse tipo de gente existe. Temos que ser fortes para mantê-los à distância — mesmo que sejam bonitos, talentosos, da família ou velhos amigos de infância, mesmo que seu lado empático se solidarize com o desamparo deles.

Como dizem, um país sem fronteiras não é um país. O mesmo vale para as pessoas. Sem limites, ficamos sobrecarregados.

Somos levados ao limite em um mau sentido, a tal ponto que aquelas características que antes nos definiam começam a desaparecer, até que não seja possível nos dissociar dos vampiros de energia ao redor.

É por isso que limpamos nossa mesa. É por isso que ignoramos provocações que não têm a ver conosco. Que não falamos tudo que nos passa pela cabeça. Que precisamos ser responsáveis financeiramente e administrar o tempo com eficiência. Que sempre vamos para a cama no horário certo e acordamos cedo todas as manhãs.

Porque estamos tentando traçar limites em nossas vidas, nossas emoções e nossas preocupações de modo que seja possível administrar tudo. É assim que assumimos o controle.

Entenda: A maioria das pessoas que desempenha um papel importante são aquelas de quem você nunca ouviu falar. Elas querem que isso permaneça assim. A maioria das pessoas felizes não precisa que ninguém saiba disso, uma vez que não estão sequer pensando em você. *Todo mundo* enfrenta dificuldades, mas alguns optam por não vomitar seus problemas sobre os outros. Os indivíduos mais fortes são reservados. Mantêm-se sob controle. Guardam para si os próprios assuntos.

Algumas pessoas vão se safar com condutas impróprias? Vão. Podem até se divertir ou ficar ricas com isso. E daí? Nossos limites fazem com que essa preocupação não nos pertença. Sabemos que, no final, estão punindo a si mesmas.

Como disse William Penn, aqueles com limites fortes "são tão mais autossuficientes que, pagando o mesmo que todos, dominam todo o resto".

Defina seus limites. Imponha-os — gentilmente, mas com firmeza. Trate os demais com tanto respeito quanto gostaria de ser tratado.

Seja o adulto em um mundo de crianças mimadas.

DÊ SEU MELHOR

Um jovem oficial promissor chamado Jimmy Carter estava se candidatando a uma vaga no programa de submarinos nucleares da Marinha dos Estados Unidos. Permaneceu sentado por mais de duas horas diante do almirante Hyman Rickover, que não apenas criara a primeira marinha nuclear do mundo por meio da sua pura determinação em 1955, como também, durante as três décadas seguintes, administrara-a com um foco inigualável. Entre suas responsabilidades, estava entrevistar pessoalmente e recrutar os funcionários que iriam tocar em seus preciosos submarinos.

Ao longo da conversa, os dois abordaram uma ampla variedade de assuntos, de atualidades a táticas navais, eletrônica e física. Carter havia passado semanas se preparando para a entrevista e respondeu de modo tranquilo, enquanto Rickover, sem jamais sorrir, aumentava a dificuldade das questões. Então, por fim, o comandante lançou o que parecia ser uma pergunta fácil: "Como você se saiu em sua turma na Escola Naval?"

"Fiquei em 59º lugar em uma turma de 820, senhor", respondeu Carter, cheio de orgulho. Mas tendo visto, até então, gerações dos melhores militares dos Estados Unidos, Rickover não ficou lá muito impressionado com a classificação. "Mas você deu seu melhor?", perguntou ao jovem.

É óbvio, Carter quase respondeu de imediato, como todos faríamos. Mas, antes de abrir a boca, algo em seu âmago o fez parar. E quanto às vezes que estava cansado? E as aulas em que, com base em suas notas, sentira-se confiante o suficiente para relaxar? E as perguntas que não fez ou as vezes em que se distraiu? E os professores que achava chatos e aos quais prestava pouca atenção?

E a leitura extra que poderia ter feito — sobre sistemas de armas, história, ciência, trigonometria? E o treinamento físico matinal que concluiu de qualquer jeito?

"Não, senhor", confessou ele. "Não dei *sempre* meu melhor."

Rickover se levantou para sair, mas parou para uma última pergunta, antes de partir:

"Por quê?"

Por que você não deu seu melhor? Trata-se de uma pergunta que assumiria muitas formas e desafiaria e inspiraria o jovem de muitas maneiras pelo resto da vida.

Por exemplo:

Por que não está se empenhando?

Por que está fazendo isso de qualquer jeito?

Por que tem tanto medo de tentar?

Por que não acha que isso importa?

Do que seria capaz se realmente se comprometesse?

Se não está dando seu melhor, *por que está fazendo isso*?

Você pode pensar que Rickover era um comandante implacável que se recusava a aceitar desculpas para o fracasso. Isso está, em parte, correto. Seus padrões exigentes — que ele esperava de si mesmo e de qualquer um que contratasse — não apenas transformaram os Estados Unidos em uma potência global, mas impulsionaram Carter à presidência.

Ainda assim, em seu único mandato, os sucessos de Carter — sem guerras estrangeiras, um acordo de paz entre Israel e Egito, a negociação e a ratificação dos Tratados do Canal do Panamá, a normalização das relações diplomáticas com a República Popular da China — também envolveram dificuldades. Uma delas foi em relação à política energética, abordada em um discurso à nação em 1977, no qual Carter, visionário, afirmou que a crise energética e climática era o "equivalente moral à guerra". Embora soubesse que suas propostas não seriam bem-aceitas pelos norte-americanos, ele comentou: "Era impossível para mim imaginar as sangrentas batalhas legislativas que viriam." Ele lutou contra o

Congresso durante todo o mandato e foi ridicularizado por colocar painéis solares na Casa Branca. Apesar dos esforços e da sinceridade, Carter falhou.

Rickover, o almirante implacável, ainda assim irradiava orgulho.

"Não há dúvida de que o público acabará por entender, e ele será considerado um homem de visão que tentou proteger o povo dos Estados Unidos", disse sobre os esforços de Carter quanto à questão energética. "Levou cerca de quatrocentos anos para que aceitassem a mensagem do Senhor Jesus Cristo. Até então, Ele era considerado um 'fracasso'. Desde que se esforce ao máximo para fazer o que acredita ser o certo, Carter é um sucesso, independentemente do resultado."

Esse é o lado maravilhoso de dar seu melhor. Você se livra, mesmo que apenas um pouco, do peso dos resultados e do ego. Não é que não se importe com os resultados. É que já alcançou uma espécie de trunfo. O sucesso não lhe sobe à cabeça porque você sabe que é capaz de mais. O fracasso não lhe destrói porque você tem certeza de que fez tudo que estava a seu alcance.

Você sempre controla se dá seu melhor ou não. Ninguém pode impedir você de fazer isso.

Você não precisa ser o número um da turma, nem ganhar tudo sempre. Na verdade, perder não é importante.

O que faz diferença é que tenha dado tudo de si, porque qualquer coisa a menos é desperdiçar o dom.

O dom do potencial.

O dom da oportunidade.

O dom do seu ofício.

O dom da responsabilidade que lhe foi confiada.

O dom da instrução e do tempo dos outros.

O dom da própria vida.

Ralph Ellison estudava no Tuskegee Institute quando sua professora de piano, Hazel Harrison, presenteou-lhe não apenas com seu tempo e sua energia, mas também com uma maneira de pensar sobre a obrigação que todo artista e pessoa talentosa tem:

"Você *sempre* deve tocar o melhor possível, mesmo que seja apenas para a gente que espera na estação de Chehaw, porque, neste país, sempre haverá um homenzinho escondido atrás da fornalha... [que conhece] a *música* e a tradição, e os padrões de musicalidade exigidos pelo que quer que você se proponha a tocar."

A estação de Chehaw era aquela fora do campus. O homenzinho atrás da fornalha? Ele se tornou a consciência artística que guiou Ellison, assim como os padrões de Rickover pairavam sobre Carter, assim como o ditado de John Wooden guiava seus jogadores desde o primeiro dia de treino sobre como calçar um par de meias:

"Dar seu melhor é o suficiente."

Não é tentar ser perfeito. É dar o *seu melhor*.

O resto fica para o placar, para os juízes, para os deuses, para o destino, para os críticos.

PARA ALÉM DO TEMPERAMENTO

~

"Uma pessoa que compete tanto com a cabeça quanto com o corpo raramente fica em segundo lugar."

PETE CARRIL

Seria maravilhoso se ser inteligente ou brilhante, bem-sucedido ou poderoso nos conferisse um passe livre. Mas não é assim que as coisas funcionam.

Na verdade, descobrimos que, por causa de nossos talentos, recursos e responsabilidades, precisamos ter *mais* controle ainda sobre nós mesmos. De maneira consciente, ponderada e *constante*, precisamos examinar a nós mesmos e aos nossos impulsos.

Devemos seguir o velho ditado "conhece a ti mesmo" tanto física quanto mentalmente, e aplicar também um segundo ditado antigo: "nada em excesso."

Trabalhamos muito, pensamos muito, nos exigimos muito. Se o fizermos de maneira contínua, seremos felizes e produtivos. E, nos raros casos em que falharmos, porque eles de fato acontecerão, ficaremos bem. Não apenas porque saberemos, em nosso coração, que demos o melhor de nós, mas porque temos força e caráter para suportar quaisquer contratempos ao longo da jornada. Teremos determinação e equilíbrio para nos reerguer e seguir em frente.

E se não tivermos? E se cairmos no excesso, se não atingirmos nossos padrões, o que acontecerá? Se formos descuidados e preguiçosos, desleixados e fracos, se deixarmos de nos preocupar com o aperfeiçoamento, o grande Epicteto nos diz que deixaremos de progredir, de modo que viveremos e morreremos como pessoas comuns e decepcionantes.

Porém é mais do que isso. Ao falar de Alcibíades, o outrora promissor e comprometido aluno de Sócrates, Plutarco ilustrou os custos da intemperança não apenas para nós mesmos, mas também para as pessoas que dependem de nós: "[...] sua falta de disciplina e a audácia de seu estilo de vida o destruíram, e ele privou a cidade de todos os seus talentos por causa de sua extravagância e libertinagem."

A autodisciplina não é apenas nosso destino, é nossa *obrigação*.

Nossa obrigação para com nosso potencial.

Com nosso país.

Com nossa causa.

Com nossas famílias.

Com nossos semelhantes.

Com aqueles que nos admiram.

Com os que nos sucederem.

Porque logo você será testado para além das provas comuns, quando precisará persistir e resistir na jornada rumo ao seu melhor eu. A vida exigirá algo maior, que beira o heroico.

Seu corpo, sua mente e seu espírito terão que se alinhar para que você possa descobrir que é capaz de mais do que acreditava ser possível. Também será pedido que você dê... mais do que já deu (ou abriu mão) antes.

PARTE III
O MAGISTRAL
(A ALMA)

"Quando dominamos a nós mesmos, temos as responsabilidades dos soberanos, não as dos súditos."

THEODORE ROOSEVELT

Não é difícil encontrar alguém que tenha domínio físico sobre si mesmo. Tampouco faltam pessoas brilhantes que controlaram a mente e o espírito na busca para exercer esta ou aquela profissão. O que é extraordinariamente raro é alguém que não apenas combine esses dois tipos de disciplina, mas consiga fazê-lo na chamada "arena", ou seja, na vida pública, como uma pessoa de ação, que contribui para a sociedade. Sem dúvidas, a temperança e a moderação são encontradas nos mosteiros e nos refúgios nas montanhas; mas não é isso que procuramos. Você consegue alcançar essa quietude e esse equilíbrio no caos da vida cotidiana? Cercado de tentação? Com aplausos ou vaias da multidão? Independentemente do que seria tolerado, de que situações você conseguiria sair incólume, do que as pessoas pensam que é possível? Chamamos esse plano raro e transcendente de "o magistral": dominar a si mesmo, mental e fisicamente, estar sempre no comando, em todas as esferas... e, de alguma forma, encontrar uma engrenagem que supera isso, que oferece mais para dar, mais para extrair de si mesmo. Essa é a grandeza que buscamos, é quando o corpo, a mente e o espírito se unem nas situações mais estressantes, nos momentos em que nada sai como queremos. Momentos decisivos ou de grande dificuldade, quando demonstramos para que serviram todos os sacrifícios, nossa real essência, e provamos que é possível possuir o mundo e *manter* nossa alma.

ELEVE-SE

~

Por 25 anos, Antonino lutou para chegar ao topo da política romana e então, por fim, o imperador Adriano, no auge de uma doença mortal e prolongada, estava prestes a lhe dar o que ele havia conquistado: a coroa.

"Encontrei um imperador, nobre, brando, obediente, sensato, nem obstinado na juventude nem descuidado na velhice: Antonino Aurélio", afirmou Adriano sobre esse líder amado universalmente.

Mas era um truque cruel.

Apesar do serviço impecável de Antonino como questor, pretor, cônsul e senador, e que seu caráter impecável e histórico primoroso o tivessem preparado para o poder como poucos poderiam estar, Adriano e o destino tinham outros planos. Apesar das palavras gentis, o imperador acreditava que o verdadeiro futuro de Roma estava ligado a outra pessoa, em específico, um menino chamado Marco. Antonino seria seu substituto, alguém superqualificado para ocupar o trono apenas enquanto o jovem crescia.

A verdadeira história dos soberanos não tem nada a ver com o reinado simbólico da moderna rainha Elizabeth. A Antiguidade era brutal e violenta. Sem dúvidas, uma vez no topo, Antonino consolidaria o poder, viria a se proteger e garantiria um legado que permaneceria para sempre. *Provaria* que havia sido subestimado. *Tomaria* o trono por que era o que sua ambição ansiava.

Mas, outra vez, não era o que o destino lhe reservava.

Apesar de tudo, durante um reinado de cerca de 23 anos e com a tarefa impossível e nada invejável de preparar um menino para substituí-lo, Antonino conseguiu dar uma aula magistral de temperança. Não era apenas um ser humano equilibrado e decente, mas era equilibrado e decente como chefe de um enorme império cujos milhões de súditos literalmente o adoravam como um rei-deus todo-poderoso.

Em nenhum momento ele se colocou em primeiro lugar. Em nenhum momento preferiu os interesses da própria família. Em vez de reclamar ou conspirar, trabalhou em silêncio no que deve ter parecido, pelo menos a princípio, uma tarefa injusta e ingrata. Os historiadores observariam que durante seu reinado, Antonino não foi responsável pelo derramamento de uma única gota de sangue, de estrangeiros ou compatriotas. Essa gentileza e devoção ao país, à causa e àqueles que ele amava lhe renderia uma alcunha que, embora não seja tão gloriosa quanto Alexandre, o Grande, nem tão impressionante quanto Guilherme, o Conquistador, é ainda mais magnífica: Antonino *Pio*.

A temperança, quando seguida por esse nível de dedicação — ainda mais em meio ao tipo de tentação e estresse que Antonino Pio enfrentou, como chefe de um império composto por cerca de setenta ou oitenta milhões de pessoas e cerca de 4,8 milhões de quilômetros quadrados —, era algo sagrado.

Tudo o que a rainha Elizabeth era em termos simbólicos, o imperador romano era de fato. Tinha o poder de aprovar leis e aplicá-las, e de analisar casos legais. Tinha o poder de travar guerras e estava à frente da máquina bélica mais implacável do mundo. Tinha o poder de acrescentar ou retirar dias da semana, total controle sobre o calendário romano. Tinha o poder de escrever e, ao ser o *pontifex maximus*, o chefe de assuntos religiosos, reescrever o dogma da religião romana.

Sabemos o que a maioria dos imperadores fez com esse poder. Páginas, volumes, *bibliotecas* foram preenchidos com seus erros e excessos.

Então, por que, como exceção à regra romana, Antonino não é tão conhecido?

Esta é a ironia da temperança: nos torna maiores *e* muito menos propensos a desejarmos reconhecimento por tal grandeza. Antonino não apenas era indiferente a honrarias superficiais, como de fato as evitava. Em um gesto de amor no final de seu reinado, o Senado ofereceu renomear os meses de setembro e outubro em homenagem a Antonino e sua esposa, o que ele recusou. Julho e agosto permanecem com o nome de Júlio César e Augusto César, cerca de dois mil anos depois. Antonino, guiado pela humildade, não recebeu essa fama eterna.

Na verdade, Antonino se tornou uma *vítima* de seu sucesso. Segundo o historiador do século XIX Ernest Renan, "Antonino teria a reputação de ser o melhor dos soberanos se não tivesse designado como seu sucessor um homem igual a ele em bondade e modéstia, alguém que aliava a essas brilhantes qualidades o talento e um encanto que compõem uma imagem que vive na memória da humanidade". Ao não assassinar seu rival, Marco Aurélio, e comprometer-se por completo a ajudar na formação dele para se tornar um grande homem (cuja fama acabou superando a do pai adotivo), Antonino condenou a si mesmo às notas de rodapé da história.

A raiz da palavra "disciplina" é *discipulus*, aluno em latim. Implica a existência de um aluno, mas também de um professor. Essa é a beleza da relação entre Antonino e Marco Aurélio. Um homem que, deixando de lado o interesse próprio, conservou o autocontrole e a gentileza necessários para ser tutor e mentor. O outro estava disposto a aprender e foi humilde para ser o *discípulo* de um professor de tamanha autodisciplina e bondade que, após sua morte, seria deificado.

Ambos estiveram à altura das circunstâncias incomuns que os uniram — que nenhum escolheu e que quase toda a história teria previsto que terminaria em desastre — e, juntos, alcançaram uma espécie de grandeza que supera a imaginação. O tipo que pertence aos livros de histórias e parábolas, não que decora os salões cruéis do poder.

O que Antonino ensinou a Marco?

Vamos começar com o corpo.

Havia uma força real em Antonino. Ele impressionou o jovem com a maneira como conseguia "ter enxaquecas e em seguida voltar ao que estava fazendo, renovado e no auge do desempenho". Antonino cuidava bem de si mesmo, não apenas porque a saúde é importante, mas porque assim poderia conduzir melhor os negócios do império. "Não é hipocondríaco nem obcecado com a aparência", escreveu Marco sobre a preocupação com a saúde do pai, "mas também não ignora esses assuntos. Como resultado, quase nunca precisou de atenção médica, drogas nem qualquer tipo de unguento ou pomada". Antonino mostrou a Marco que era possível para um homem de grande poder e riqueza viver sem uma tropa de guarda-costas e sem presepadas e pretensões de sua posição. Marco observou a forma como o pai adotivo se comportava em quase todos os aspectos como uma pessoa comum, mas que nunca parecia "desleixado como governante ou descuidado ao cumprir obrigações oficiais".

Se a tarefa precisava ser realizada, Antonino quase sempre a executava com energia, do amanhecer ao anoitecer. Eram questões menores, mas Marco notava até a maneira como Antonino tinha uma dieta simples, mantinha-se hidratado, mas programava suas pausas para ir ao banheiro para que não precisasse se ausentar dos negócios do Estado em momentos inoportunos. Para Antonino, não eram coisas menores, mas aspectos simbólicos e importantes. Dizem que, à medida que envelheceu e suas costas começaram a ficar encurvadas, ele passou a colocar pedaços finos de madeira de tília nas roupas para manter a postura ereta. Em sentido figurado, já era ereto como uma vareta. E garantiu que também fosse assim em sentido literal.

Mas não devemos confundir esse rigor com uma vida desagradável.

Pelo contrário. "Ele tinha a capacidade tanto de se abster quanto de desfrutar das coisas que a maioria das pessoas é muito fraca para se abster e muito propensa a desfrutar", disse Marco sobre Antonino, comparando sua capacidade de manter o difícil equilíbrio à de Sócrates, que era frugal, mas notoriamente divertido. Antonino tinha "força de vontade", escreveu Marco em *Meditações*, "a capacidade de perseverar em uma situação e permanecer sóbrio na outra". A vida deu a Antonino confortos materiais em abundância, que ele aceitou e usou sem arrogância ou dependência. "Se os confortos estavam disponíveis, ele os aproveitava. Caso contrário, não sentia falta", observou Marco.

Quanto ao temperamento?

Mais uma vez, Antonino foi o modelo. Ensinaria a Marco "uma aderência inabalável às decisões, uma vez que as houvesse tomado", o que significava nunca abrir mão das opções "antes de ter certeza de tê-las examinado com minúcia e as compreendido perfeitamente". O que mais impressionava eram "suas perguntas inquisitivas durante as reuniões, quase uma espécie de obstinação; nunca se contentava com as primeiras impressões nem encerrava a discussão de modo prematuro". Sabia "quando pressionar e quando recuar", como andar sobre as linhas tênues e precárias. Não importava o assunto, uma questão devia ser "abordada com lógica e consideração, de forma calma e ordenada, mas decidida e sem deixar pontas soltas". Ele se concentrava no tema e não se distraía fácil. Embora fosse indulgente, não saía pela tangente nem entediava as pessoas com longas histórias. E, quando errava, Antonino assumia as falhas sem temer a responsabilidade nem a culpa.

Nenhum líder, por melhor que seja, pode evitar as críticas. Antonino recebeu muitas, várias injustas e injustificadas, mas recusou-se a revidar mesquinhez com mesquinhez. Ignorava informantes e fofocas. Tolerava ser questionado porque essa prática o tornava melhor, mesmo que significasse admitir um erro. Ao contrário de Nero, que certa vez exilou um poeta por ser talentoso, ele sentia prazer ao ver suas ideias sendo aprimoradas. Apesar do brilhantismo e da autoridade, Antonino não via problema algum em ceder a palavra a especialistas e acatar seus conselhos — uma habilidade que poucos com poder ilimitado possuem, poucos conseguem manter, e que ainda menos se preocupam em nutrir.

Era raro ver Antonino incomodado com o trabalho. Mais raro ainda com os amigos. Segundo Marco, ninguém o via preocupado. Apesar do estresse da posição, "ele nunca demonstrava grosseria, perdia o controle de si mesmo nem agia de modo violento". Se isso parece um elogio fraco, vale a pena lembrar que, certa vez, Adriano apunhalou um secretário no olho com uma pena por cometer um erro.

A lisonja não surtia efeito sobre Antonino, embora ele se esforçasse para deixar os outros à vontade. Quando visitava os amigos, conseguia esquecer as pretensões do ofício e estar presente como uma pessoa comum, cuidando para não ser tratado de maneira diferente de ninguém. Após o imperador fazer algumas observações sobre a decoração, um amigo sentiu-se à vontade para brincar com Antonino, que tinha poder de vida e morte sobre todos os súditos do império, dizendo que, "quando se entra na casa de outro homem, deve-se se manter surdo e mudo".

Ele sabia rir e ser motivo de risada. Levava o trabalho a sério, mas nunca a si mesmo. Para usar a frase de Marco, Antonino era a combinação perfeita de uma pessoa que era "grande sem ares de grandeza".

Embora Adriano tivesse feito longas viagens oficiais pelas províncias do império, Antonino se recusou a fazer o mesmo. Após servir como procônsul na Itália e na Ásia antes da ascensão, entendia o imenso fardo que essas viagens representavam para quem precisava receber as procissões imperiais. Por mais humilde e despretensioso que tentasse ser, o trem de bagagem de um soberano era uma imposição, e ele tentava não o impor a ninguém sempre que era possível.

Era essa disciplina física e mental que convergia em Antonino e que o tornou um homem compassivo, comedido e inabalável, que governava primeiro a si mesmo. O destino poderia não ter sido como Antonino esperava, mas ele conseguiu transformá-lo em algo que, em retrospecto, não teria trocado por nada. Durante 23 anos de estabilidade, ele governou Roma e conectou-se de modo profundo com Marco. Viu a cidade não apenas florescer, como ser passada para mãos igualmente capazes e prudentes.

Apesar de a fama não ter sido sua recompensa, Antonino conquistou o triunfo final para qualquer um na política: encerrou a carreira com as mãos limpas e, como Marco Aurélio mais admirava, a consciência tranquila.

Em 161 d.C., seu tempo chegou ao fim. Reunindo "a calma de um sábio realizado", ele teria se preparado para enfrentar a morte. Colocou seus assuntos finais em ordem e transferiu o comando para o filho adotivo, mas não antes de proferir sua palavra final — um conselho, um resumo de sua existência, um objetivo para cada um de nós: *Aequanimitas*.

Equanimidade.

Era a vez de Marco viver à altura da coroa, viver de acordo com o exemplo que Antonino lhe dera.

"Equanimidade" seria a palavra de ordem perfeita.

Você olha as fotos antes e depois dos presidentes americanos e fica claro: ser chefe de Estado é um fardo sobre o indivíduo. Pesada é a cabeça que usa a coroa... e grisalho fica o cabelo embaixo dela. A enorme responsabilidade oprime um líder constantemente, exceto nos momentos em que o sobrecarrega. Seria fácil dizer que "os fracos não precisam se candidatar", mas, muitas vezes, eles o fazem — e, no processo, prejudicam a si mesmos e às pessoas a quem deveriam servir.

O destino presenteou Antonino com muitos anos de paz e estabilidade. Marco Aurélio não teve tanta sorte. Precisou enfrentar inundações históricas, uma invasão bárbara e uma praga devastadora que matou milhões. Um amigo próximo o traiu e tentou matá-lo. O declínio e a queda de Roma pairavam sobre ele... não por sua culpa, mas era sua responsabilidade. Era seu pesadelo diário.

Imagine o terror, a frustração e o estresse terríveis. Havia vidas em jogo. Sua própria família corria perigo. Nada poderia preparar alguém para tantas adversidades. A cada dia, uma nova crise, um novo problema tornando seus já escassos recursos mais e mais escassos. Quando o medo e a raiva haviam se abatido sobre os imperadores anteriores, as ruas de Roma ficaram vermelhas de sangue.

Mas não no governo de Marco Aurélio. Ele enfrentou com firmeza uma situação terrível atrás da outra, sem comprometer seus princípios, mas insistindo em deixá-los evidentes para todos. Por meio de resoluções e atos, ele permitiu que o povo romano soubesse que não se tratava de uma temperança que se aplicava apenas nas épocas de prosperidade, mas de um autocontrole profundo.

Uma pessoa normal, um líder menor (e, infelizmente, mais típico), poderia lamentar essa série de tragédias. Mas não Marco Aurélio. Não era *ruim* que tais desastres acontecessem com ele. Era uma oportunidade. "O impedimento à ação fomenta a ação", escreveu para si mesmo, "*o que obstrui o caminho se torna o caminho*." Todas as adversidades, todas as dificuldades, assim como poder e luxo imensos, eram uma oportunidade para ele provar seu valor. Para mostrar que havia aprendido com Antonino, que não apenas acreditava na temperança, mas que a vivia.

Em 14 d.C., quando se tornou imperador, Tibério se instalou em um palácio de prazeres na ilha de Capri. Nero, livre da influência da mãe, pediu sua lira e se intitulou o artista mais talentoso de Roma, ignorando os negócios do Estado para satisfazer o próprio ego. Ao comentar a vida de Tibério, Marco Aurélio observaria como "são triviais as coisas que desejamos com tanta paixão. E quão mais filosófico seria nos apossar do que recebemos e demonstrar retidão, autocontrole e obediência a Deus, sem fazer alarde a respeito".

Foi justamente o que fez... embora não sem duvidar de si mesmo primeiro.

Dizem que Marco Aurélio chorou quando lhe disseram que se tornaria governante. Conhecia a história; não era uma bênção da qual muitos emergissem melhor. Seria um trabalho difícil, não apenas ser imperador, mas ser um bom imperador, sem ser corrompido nem destruído no processo.

Deve ter havido momentos em que desejou fazer qualquer outra coisa, em que teria preferido os livros e a filosofia ao fardo que o destino havia escolhido para ele. "Mesmo que alcance a sabedoria de Cleantes ou de Zenão", um de seus tutores escreveu a ele, "ainda contra sua vontade, você deverá vestir o manto púrpura, não a capa de lã do filósofo".

Seria ele capaz disso? Poderia vestir o manto com honra e dignidade, sem ser maculado por ele? Ao encarar a possibilidade de se sair mal como Calígula, Vespasiano ou Cláudio, sentiu o estômago se revirar.

Uma noite, sonhou que seus ombros eram feitos de marfim. *Sim*, ele era forte o suficiente. *Era* possível não ser destruído pela responsabilidade. *Ele* seria capaz. *Conseguiria*. *Não* seria como os outros. Usaria o trabalho como tela em branco para pintar uma obra-prima.

Dizem que nenhum homem é um herói para seu criado, mas Marco Aurélio, que era ainda mais próximo de Antonino do que um criado, que havia visto seu melhor e seu pior por mais de duas décadas, ainda o adorava. Os outros tutores, o estudo do estoicismo, os conselheiros, todos desempenhariam um papel no sucesso final de Marco, mas, como Renan escreveu: "Acima de todos esses mestres selecionados de todos os cantos do globo, Marco tinha um específico a quem reverenciava acima de todos; e esse mestre era Antonino... Foi por ter ao seu lado o mais belo modelo de uma vida perfeita, e alguém a quem ele compreendia e amava, que Marco Aurélio se tornou o que foi."

E Antonino foi, *de fato*, um herói. *Conquistou* essa adoração por merecimento, não em um único momento de bravura no campo de batalha, mas por meio da disciplina extraordinária e comum que exigia de si mesmo no dia a dia. Como observador, Marco testemunhou e foi inspirado por ela. Então dedicou a vida a aperfeiçoá-la.

Assim como a coragem, a disciplina é contagiosa.

Marco pegou-a de Antonino e se tornou quem foi, o que foi. Ou seja, incrível.

Quando foi coroado, quando o poder singular que pertencera a Antonino foi outorgado a ele, Marco Aurélio enfrentou um teste não muito diferente daquele que seu amado modelo havia enfrentado. Porque, por meio do estranho plano de sucessão de Adriano, Marco herdou um meio-irmão cujo papel a ser desempenhado era incerto. O que um imperador deveria fazer com esse rival em potencial?

Um antigo mestre estoico advertiu um imperador anterior a aniquilar quaisquer outros herdeiros do sexo masculino. Afirmou que "não se pode ter muitos Césares". Marco pensou muito sobre a questão e encontrou uma solução incomparável em toda a história, por sua generosidade e abnegação. Literalmente, uma contradição ambulante do ditado de que o poder absoluto corrompe o homem: nomeou seu meio-irmão *coimperador*. Tendo recebido o poder absoluto... sua primeira decisão foi abrir mão de metade.

Marco Aurélio e seu meio-irmão não poderiam ser mais diferentes. Lúcio Vero não era tão rigoroso consigo mesmo. Não era conhecido por algum dia ter pegado um livro de filosofia. Marco se via como superior? Em suas *Meditações*, tudo o que o vemos expressar é gratidão "por ter tido o tipo de irmão que tive. Alguém cujo caráter me desafiou a melhorar o meu. Alguém cujo amor e afeto enriqueceram minha vida".

Dizia-se que a verdadeira majestade de Marco Aurélio era que seu rigor era dirigido apenas a si mesmo. Não "saía por aí esperando ver a República de Platão". As pessoas eram pessoas; ele entendia que não eram perfeitas. Achou uma maneira de trabalhar com pessoas imperfeitas, colocando-as a serviço do bem do império, buscando nelas as virtudes que valorizava e aceitando seus vícios, que sabia não estarem sob seu controle.

"Estamos tão longe de possuir qualquer coisa nossa, que até a casa em que moramos pertence a vocês", disse Marco Aurélio ao Senado sobre a suposta fortuna de sua família. Uma das únicas ordens diretas que deu aos senadores foi que fossem misericordiosos com alguns de seus inimigos políticos que haviam tentado um golpe.

A maioria das ordens de Marco Aurélio era para si mesmo. Robin Waterfield, seu tradutor, observa que 300 das 488 entradas em *Meditações* eram regras que o imperador havia definido para si mesmo. Acordava cedo. Escrevia um diário. Mantinha-se ativo. Não foi abençoado com boa saúde, mas nunca reclamou, nunca usou esse fato como desculpa, nunca deixou que o detivesse mais do que o necessário. Apesar da riqueza e do poder, viveu de modo humilde e manteve o difícil equilíbrio entre a moderação e a abundância, passando a maior parte do reinado não em palácios glamorosos de mármore, mas na tenda simples de um soldado na linha de frente.

E quando falhava ou errava? Tentava se recompor e voltar à ação. Dar sempre o melhor de si, mesmo quando era muito difícil.

No pior momento da Peste Antonina, quando os cofres de Roma estavam vazios, Marco realizou um bazar que durou dois meses no gramado do palácio imperial. Vendeu joias e sua coleção de arte, as sedas da esposa e tudo que não era imprescindível para sua vida. Havia outras soluções para os problemas financeiros do império? Óbvio que sim. Marco poderia ter aumentado os impostos. Saqueado as províncias. Confiado na "receita" e confiscado as propriedades e os bens dos oligarcas romanos. Também poderia ter ignorado a situação e deixado o problema para seus sucessores. Quase todos os imperadores antes e depois seguiriam esses caminhos fáceis, sem jamais pensar duas vezes.

Mas Marco assumiu o problema.

Porque é o que grandes líderes fazem: a coisa certa, mesmo quando, ou *especialmente quando*, é custoso para eles.

Ao ser alvo de críticas, ele não lhes dava atenção. Não tinha tempo para bajuladores nem caluniadores. Como Antonino, quando entendia que estava errado, admitia a falha e mudava de ideia. Tinha uma vida agitada e incessante, mas, nela, ele encontrava tranquilidade e conseguia tempo até para estudar filosofia no catre em sua tenda, longe da biblioteca. Trabalhou duro para estar presente, para "concentrar-se a cada minuto como um romano", filtrando os pensamentos e se libertando das distrações, lidando com o que se apresentava com a ternura e a tenacidade que aprendera de seu herói. Não importava o que fosse, Marco dava seu melhor, quer fosse celebrado ou desprezado por isso.

"Não é necessário dar muita importância a isso", lembrava a si mesmo quando alguém fazia algo errado ou mentia a seu respeito. Quando cobiçava algo, ele se detinha e transformava o desejo em pedra antes que ardesse e provocasse uma reação da qual se arrependeria. Tentava fazer escolhas admiráveis, tentava encontrar o melhor nas pessoas, tentava se colocar em seu lugar, tentava liderar mostrando serviço. O orgulho da vida de Marco era que não apenas não precisava pedir favores a ninguém, como sempre que alguém lhe pedia algo — dinheiro, conselho, algum tipo de ajuda —, ele podia ser generoso.

Em meio à fartura e à intriga, Marco Aurélio foi regido por este belo lema: "Moderação sem limites."

Uma coisa é ser um imperador, outra é ser um *imperador-filósofo*, e outra coisa muito diferente é ser um *imperador-filósofo bom*. Ser uma *pessoa nobre*, independentemente de seu título. Emancipado, indiferente ao que não faz diferença, reservado, automotivado, dedicado, certeiro nas notas certas no momento certo da maneira correta. O tipo de caráter que Marco Aurélio cultivava trazia distinção à sua posição, em vez de sua posição trazer honra à sua pessoa.

Permanecer você mesmo em um mundo que instiga a conformidade exige coragem. É preciso coragem e temperança para ser moderado em um mundo de excessos, onde atacamos e zombamos daqueles que não se entregam aos prazeres que racionalizamos e às paixões que desculpamos em nós mesmos.

Marco perdia a paciência de vez em quando? Certamente. Poucos líderes podem alegar o contrário. Mas os historiadores antigos não nos fornecem qualquer evidência de que ele tenha sido vingativo, mesquinho, cruel ou descontrolado. Seu reinado foi livre de escândalos, de atos vergonhosos, de corrupção. Isso não é um padrão muito baixo? Não quando comparamos à lista repugnante e brutal de crimes e desastres de seus predecessores e sucessores até hoje, quando a missão mais difícil do mundo parece ser encontrar alguém honesto e decente em uma posição de liderança significativa.

Embora Marco tivesse um bom caráter, ele sabia que era algo que precisava ser constantemente trabalhado e aprimorado. Entendia que o instante em que paramos de tentar melhorar é o momento em que começamos a piorar cada vez mais. Após a morte de Antonino, Marco continuou estudando filosofia durante o resto da vida, reunindo humildemente suas tábuas e indo para a escola, mesmo quando velho. Nunca quis parar de aprender, nunca quis parar de melhorar.

O que estava procurando? Que destino buscava?

Sem dúvidas, era um ideal impossível, mas o trabalho de sua vida era o movimento em direção ao ponto em que "jamais seria influenciado pelo prazer ou pela dor, seria determinado quando em ação, livre de desonestidade ou dissimulação e nunca dependeria de ação ou inação de qualquer outra pessoa". Ou, como descreveu em outra ocasião, "autossuficiência e imunidade indiscutíveis aos dados da fortuna".

Seria bom, não?

Em certo sentido, temperança é isso: autossuficiência. Propósito. Clareza. Poder.

Só há uma maneira de alcançá-la... e não é por meio de uma epifania.

Ao falar do falecido marido, o famoso apresentador norte-americano do programa *Mister Rogers' Neighborhood*, Joanne Rogers observou que, "se você o declarar um santo, as pessoas podem não saber o quanto ele trabalhou". Antonino e Marco Aurélio não são velhas parábolas empoeiradas do passado. Não são figuras bidimensionais impressas nas páginas dos livros de história. Eram seres humanos. E não eram perfeitos. Mas, se fossem perfeitos, não nos dariam esperança.

Nós os amamos porque eles tentaram. Porque corrigiram sua trajetória diante do fracasso, porque foram humildes na vitória, porque se empenharam e obtiveram resultados. Isso é o que nos mostra o caminho. Assim como o exemplo vivo e a instrução amorosa de Antonino ajudaram a moldar Marco Aurélio, também as vidas e lições de Antonino e Marco Aurélio podem nos moldar.

Não precisamos acrescentar nossos nomes à lista de histórias tristes e exemplos negativos que o sucesso tantas vezes produz. Por meio da autodisciplina, podemos encontrar nosso destino: acessar um plano superior de consciência, existência e excelência.

Antonino o encontrou, e o caminho que abriu serviu como guia para Marco Aurélio.

Vamos seguir seus passos? Vamos admirar esses heróis? Ou seguiremos o caminho dos Neros da vida?

Essa é a pergunta que devemos nos fazer agora.

TOLERANTE COM OS OUTROS, RIGOROSO CONSIGO MESMO

Catão, o Jovem, era tão rigoroso quanto o bisavô. Era indiferente à riqueza. Usava roupas comuns e andava por Roma descalço e com a cabeça descoberta. No exército, dormia no chão com as tropas. Nunca mentia. Nunca era indulgente consigo mesmo.

Tornou-se uma expressão em Roma: "Nem todos podemos ser Catão."

Ninguém ilustrou a impossibilidade dos padrões de Catão como seu próprio irmão, Cepião. Ele amava o luxo, adorava perfumes e mantinha companhias que Catão jamais se permitiria. No entanto, Catão foi humilde em sua própria temperança para lembrar que a palavra é "*auto*disciplina" por um motivo.

Embora nos atenhamos aos mais altos padrões e esperemos que nosso bom comportamento seja contagiante, não podemos esperar que todos sejam como nós. Não é justo, nem possível.

Talvez tenha sido uma regra articulada pelo bisavô de Catão que o ajudou a amar e apoiar o irmão, apesar das formas diferentes de levar a vida. "Estou preparado para perdoar os erros de todos, exceto os meus", disse Catão, o Velho. Muitas gerações depois, Ben Franklin apresentaria uma regra ainda melhor: "Busca nos outros as virtudes deles, e em ti mesmo, teus vícios." Ou, como disse Marco Aurélio: "Tolerante com os outros, rigoroso consigo mesmo."

A única pessoa com quem você pode ser severo de verdade é você mesmo. Será necessário todo seu autocontrole para seguir esse lema, não porque seja difícil ser austero consigo mesmo, mas porque é muito difícil permitir nos outros coisas que você nunca permitiria em si. Deixar que tomem decisões que você sabe que são ruins para eles, deixá-los procrastinar quando você vê neles um potencial muito maior.

Mas isso é necessário. Porque a vida alheia não está sob seu controle.

Porque você vai se esgotar se não conseguir chegar a um ponto em que viva e deixe viver.

Dê crédito aos outros por tentarem. Dê crédito aos outros pelo contexto. Perdoe. Esqueça. Ajude-os a melhorar se estiverem abertos à ajuda.

Nem todo mundo treinou como você. Nem todo mundo tem o conhecimento que você tem. Nem todo mundo tem a força de vontade ou o comprometimento que você tem. Nem todo mundo se interessa pelo tipo de vida em que você está interessado.

É por isso que é necessário ser tolerante, até mesmo generoso com as pessoas. Qualquer outra postura é injusta, além de contraproducente.

Em 1996, o time de basquete New Jersey Nets tentava recrutar um futuro astro chamado Kobe Bryant. Depois de um treino presencial, o time precisou colocá-lo em um avião para a Costa Oeste. A equipe, que na época tinha uma política enxuta e eficiente, reservou para ele um assento do meio na classe econômica para o voo de seis horas até o outro lado do país. Kobe não esqueceria. Um momento de economia custou aos Nets a chance de contratar um dos maiores jogadores de basquete da história.

Acontece que, ao longo de toda a carreira, Kobe se depararia com alguma versão desse problema. Foi um dos jogadores mais exigentes e dedicados que já pisaram em uma quadra de basquete, mas tinha dificuldade em aceitar que nem todos os seus companheiros de equipe podiam ser Kobes. Na verdade, muitos não *queriam* ser Kobes. Enquanto tentava estipular a eles a mesma conduta rigorosa que impunha a si mesmo, muitas vezes levava-os ao esgotamento, ou em outros casos, como com Shaquille O'Neal, *os afastava*, privando-se de um elenco de apoio talentoso que, no final, poderia ter lhe valido mais um título ou dois... pelo menos.

Falamos sobre manter a calma. É quase certo que a causa número um de explosões de raiva de pessoas bem-sucedidas ou talentosas é a forma como achavam que os outros não estavam à sua altura. Por que não conseguem fazer direito coisas tão simples? Por que não seguem o que mostramos da primeira vez? *Por que não são como nós?*

Porque não são nós!

Mesmo se fossem, seria justo esperar deles algo a que nunca se dispuseram?

Os amigos de Gandhi sempre apreciaram a graça que ele lhes concedia ao não os julgar por suas escolhas ou pela vida menos rigorosa que levavam.* "Pensas que, porque és virtuoso, não haverá mais bolos e cerveja?", pergunta Sir Toby na obra *Noite de reis*, de Shakespeare. Deixe-os se divertir. Deixe-os viver e trabalhar como quiserem. Você tem muito com que se preocupar quando se trata do próprio destino. Não cabe a você tentar mudar todo mundo.

Seja um exemplo forte e inspirador e deixe que isso baste... e mesmo assim, tente ser empático. Pouco antes do início da Guerra do Golfo, Colin Powell manteve o fato de estar dormindo no escritório em segredo de sua equipe. O fardo estava sobre seus ombros, não sobre os deles, e ele não queria que seus subordinados sentissem que precisavam tentar — mesmo que pudessem — se igualar a ele nos sacrifícios.

Uma das secretárias de Lincoln se encantava com a maneira como o presidente "nunca exigia perfeição de ninguém, nem mesmo insistia para que os outros seguissem os padrões que ele havia estabelecido para si mesmo".

Embora a boa disciplina seja contagiosa, também temos que aceitar que somos os únicos que devem seguir um padrão tão rigoroso.

---

* As únicas pessoas com quem ele era muito severo eram seus filhos.

A disciplina é o *nosso* destino. Com Antonino, Marco Aurélio aprendeu que apenas tentar escapar das próprias falhas é um trabalho árduo que nos mantém ocupados por toda a vida. Nenhum de nós é tão perfeito que possa desperdiçar muito tempo questionando a coragem de outras pessoas, criticando seus hábitos, tentando forçá-las a alcançar seus potenciais. Não quando nós mesmos temos tanto mais a percorrer.

Entender isso não deve apenas nos tornar menos severos, mas também *mais compreensivos*.

Tanto a rainha Elizabeth quanto seu marido, Philip, lutaram contra isso quando se tratava dos filhos e dos irmãos. Ambos eram rígidos consigo mesmos e acreditavam no dever, tanto que essa crença talvez tenha afastado seus filhos desse valor.

Melhor seguir o modelo de Catão e Marco Aurélio. O primeiro não se impunha ao irmão — amava-o. Em relação ao meio-irmão, Lúcio Vero, Marco Aurélio não torcia o nariz. Encontrou características para amar e apreciar nele, traços que o próprio Marco não tinha. E suas fraquezas? Marco usou os vícios do irmão para melhorar a si mesmo. Ambos se tornaram melhores por estarem na vida um do outro, e os dois saíram ganhando pelo que tinham em comum e pela afeição que encontraram um no outro.

Este é o plano superior: quando nossa autodisciplina pode ser complementada com compaixão, bondade, compreensão e *amor*.

O fruto da temperança não deve ser solidão e isolamento. Na verdade, seria um fruto amargo. A superioridade não é uma arma para ser usada contra outras pessoas. Na verdade, temos uma palavra para esse tipo de intemperança: egocentrismo.

Pessoas diferentes escolherão viver de maneiras diversas. Podem nos atacar por nossas escolhas com base em sua insegurança ou ignorância. Podem muito bem ser recompensadas por atos que consideramos abomináveis ou indisciplinados. *Mas e daí?* Isso é com elas. A nós, cabe ignorarmos.

Nossa jornada é a da *auto*rrealização. Deixamos os erros dos outros para os outros, não tentamos fazer com que todos sejam como nós. Imagine se fôssemos bem-sucedidos nisso. Não apenas o mundo seria chato, como haveria muito menos gente com quem aprender.

Quanto melhor nos sairmos nisso, mais gentis nos tornaremos e mais dispostos estaremos a fazer vista grossa diante dos erros alheios.

Estamos em nossa própria jornada e, sim, ela é rigorosa e difícil.

Mas entendemos que os outros também têm seu próprio caminho, que fazem o melhor que podem e aproveitam ao máximo o que lhes foi concedido.

Não é nosso papel julgar. Nosso dever é incentivar e aceitar as outras pessoas.

AJUDE OS OUTROS A MELHORAR

Como Antonino, o pai da rainha Elizabeth não havia sido originalmente selecionado para a grandeza. Ele se tornou rei por acidente, devido à abdicação do irmão em um momento de paixão. No entanto, seu impacto na história seria enorme. Não apenas porque liderou a Grã-Bretanha em uma guerra terrível ao lado de Churchill, mas também pelo impacto que exerceu sobre as pessoas ao seu redor.

Ao vencer uma gagueira incapacitante, George inspiraria gerações de jovens que lutam contra essa dificuldade. Porém, de maneira mais comum, e de uma forma que todo pai pode fazer, ele alcançou a imortalidade e a influência duradoura por meio da filha. Embora seu poder fosse limitado pela constituição e o câncer o tenha atingido aos cinquenta e seis anos, seu exemplo pairou sobre a jovem Elizabeth não apenas quando estava vivo, mas todos os dias desde seu falecimento, quando ela se perguntava: "O que meu pai teria feito?"

O mesmo aconteceu com Catão, o Jovem, que, em tudo o que fez, tentou viver à altura do exemplo e honrar a herança do bisavô, o estoico rigoroso e austero que ele nunca chegou a conhecer. O mesmo aconteceria com inúmeras gerações desde então, que olhariam para ambos os Catões como heróis.

Cerca de cem anos após a morte de Catão, Sêneca aconselharia que todos devemos "escolher um Catão", um governante para nos compararmos. Um modelo para nos inspirar a sermos quem somos capazes de ser. Quando os capangas de Nero chegaram para matar Sêneca, ele se baseou em Catão para ter força nos últimos momentos de vida. Cerca de 1.700 anos depois, George Washington moldaria toda a sua vida no exemplo de Catão e adotaria o famoso mantra da boca de seu herói.

Ambos nunca conheceram Catão... mas ele os fortaleceu. Sua disciplina expandiu sua força de vontade quando foi preciso.

Catão e o rei George VI, ao serem exigentes consigo mesmos, na verdade tiveram o efeito que muitos líderes que são rigorosos com seus seguidores não conseguem alcançar: melhoraram as pessoas.

Cumprir seu destino exigirá ter um herói assim. Mas, para realizá-lo, será preciso que você próprio se torne um herói e viva de maneira a inspirar os outros a cumprir os próprios destinos.

Não foi isso que tornou Antonino tão grande? Seu exemplo, sua fidelidade, sua piedade foram de grande valor. Essas características já eram boas por si só, mas ainda moldaram e formaram Marco Aurélio. Antonino não precisou ser severo com o jovem pupilo. Seu rigor era contagiante, assim como todas as suas virtudes.

Como Longfellow escreveu a respeito de Florence Nightingale e de todas as pessoas disciplinadas e maravilhosas: "com seus exemplos/ Elevam-nos do que é baixo." Pense em Churchill durante os dias sombrios da Segunda Guerra Mundial. Sua coragem, seu autocontrole, sua frieza sob pressão ajudaram o país a encontrar essas características.

Isto é o que grandes líderes fazem: melhoram as pessoas. Ajudam-nas a se tornar o que são.

Como está escrito no *Bhagavad Gita*: "O caminho que um grande homem segue torna-se um guia para o mundo."

Os autodisciplinados não repreendem. Não pedem nada. Apenas fazem o *próprio* trabalho. Também não se envergonham... exceto talvez um pouco pelas próprias ações. Em sua presença, nos sentimos *estimulados* a crescer, a dar um passo à frente, a ir mais fundo, porque eles mostraram que é possível.

"Feliz é o homem que pode tornar os outros melhores, não apenas quando está em sua companhia, mas mesmo em seus pensamentos", escreveu Sêneca ao se referir não apenas a Catão, mas a todos os homens e mulheres que o inspiraram.

Esse é o poder da disciplina. Torna você melhor... e exacerba isso pelo seu efeito positivo sobre o mundo ao redor.

Nem todos precisamos ser Catão — mais uma vez, a expressão implica que não podemos.

Mas podemos ser uma força positiva na comunidade. Podemos mostrar a nossos filhos, vizinhos, colegas e funcionários as boas escolhas. Podemos dar um exemplo do que é o compromisso ao marcar presença todos os dias. Podemos demonstrar o que significa resistir à provocação ou à tentação. Como perseverar. Como ser paciente.

Talvez nos agradeçam no presente. Talvez nos odeiem por enquanto. Talvez sejamos celebrados, talvez sejamos detestados. Não podemos controlar isso.

O que depende de nós é que sejamos bons. Que façamos a coisa certa. Que dominemos a nós mesmos. Não podemos obrigar ninguém a seguir as mesmas regras, mas podemos plantar uma semente. Podemos ficar em paz com o destino, sabendo que, em algum momento, inevitavelmente, ele fará a diferença para alguém. Porque, assim como a coragem, há algo de contagiante na disciplina.

O fogo dentro de nós pode arder com intensidade e aquecer os outros. A luz dentro de nós pode iluminar o caminho para os outros. O que realizamos pode abrir outras perspectivas.

Começa conosco, começa *dentro de nós*.

Mas não para por aí.

Nossa disciplina pode ser contagiante... mas, se não for, será que é tão intensa assim?*

---

* Sem dúvida, os fracassos da rainha Elizabeth em relação aos filhos e à família estendida são uma prova contra ela, assim como os fracassos de Marco Aurélio em relação a seu filho Cômodo.

ELEGÂNCIA SOB PRESSÃO

~

Um dia, perguntaram a Hemingway qual era sua definição de coragem. Ele não disse nada sobre ir para a batalha. Nem matar feras selvagens. A resposta não tinha a ver com enfrentar interesses poderosos, embora não excluísse algo assim.
Elegância sob pressão.
Essa foi sua frase.
Equilíbrio. Disciplina quando é preciso.
A rainha se mantinha calma e sob controle enquanto sua vida era ameaçada, enquanto objetos caíam do céu e a imprensa sitiava os palácios. Para ela, tudo fazia parte do trabalho. Após o ataque terrorista de 7 de julho de 2005, em que morreram 52 pessoas no sistema de metrô de Londres, ela explicou por que essa equanimidade é importante, por se tratar de uma "prova de caráter": "Quero expressar minha admiração pelos cidadãos de nossa capital", disse ela ao enlutado, porém resiliente, povo britânico, "que, após os atentados de ontem, estão determinados a retomar suas vidas normais com tranquilidade. *Essa* é a resposta para esse absurdo". Em um discurso no estágio inicial da pandemia, ela reiteraria isso: "Espero que, nos próximos anos, todos possam se orgulhar de como reagiram a este desafio. E que aqueles que vierem depois de nós digam que os britânicos desta geração foram tão fortes quanto os outros. Que os atributos de autodisciplina, de determinação tranquila e bem-humorada e companheirismo ainda caracterizam o país."
No ano de 175 d.C., o general Avídio Cássio traiu Marco Aurélio ao tentar um golpe. Como sempre, Marco respondeu com equilíbrio, mesmo depois dele e a família terem corrido um perigo mortal: "Quanto mais perto um homem está de uma mente calma,

mais perto está da força", escreveu sobre esses momentos de crise. Um homem de verdade não cede à raiva ou ao pânico, lembrou a si mesmo, almejando ser como Antonino. "Tal pessoa tem força, coragem e resistência, ao contrário dos raivosos que sempre se queixam."

Como sabemos, isso não acontece em um piscar de olhos. É o resultado de anos de estudo e prática, de cair e se levantar, de melhorar a cada dia. Napoleão diria: "No meu caso, levei anos para cultivar o autocontrole a fim de evitar que minhas emoções me traíssem." Ele até pode ter sido um megalomaníaco ambicioso, mas não é possível ignorar sua postura no campo de batalha.

A genialidade do samurai Musashi consistia em sua habilidade de perturbar a capacidade dos oponentes de manter sua elegância. Ele usava todo e qualquer truque existente para abalá-los, tirar sua concentração e perturbá-los. Depois? Era possível vencê-los.

A elegância sob pressão parece um belo conceito, mas é uma consequência de um autocontrole magistral e da força de vontade. É óbvio que a pessoa está com medo. Cansada. Sente-se provocada. Mas consegue vencer os obstáculos. Ela se sobrepõe a tudo isso.

Não há líder, artista, pai que não tenha experenciado situações de alta pressão ao longo da vida, momentos em que parecia que tudo estava saindo do controle, momentos de pressão em que, muitas vezes, *tudo dependia do que eles fizessem a seguir.*

É aí que as pessoas mostram quem são. É aí que seu destino é forjado.

É como na história de um cavaleiro romano chamado Pastor, cujo filho jovem e bastante conhecido foi mandado para a prisão por Calígula em razão de algum delito que não havia cometido. Pastor tentou intervir em nome do filho e, por crueldade, Calígula ordenou a execução do rapaz.

Para torturá-lo ainda mais, Calígula convidou o homem para jantar na noite da morte de seu filho — um convite que o homem não podia recusar.

O que Pastor fez? O que ele *poderia* fazer?

Ele foi.

Mas se recusou a mostrar uma única fração de sofrimento ou raiva. Calígula brindou à saúde, e o homem esvaziou o copo até a última gota. O imperador lhe deu presentes, e Pastor os aceitou. É possível imaginar Pastor sentado à mesa, rodeado de risadas e convidados, sentindo-se o homem mais solitário, triste e furioso do mundo. No entanto, não derramou uma lágrima, não proferiu qualquer palavra dura, e, ao contrário do esperado, agiu como se seu amado filho tivesse sido poupado do ato caprichoso de crueldade.

Como ele conseguiu? Suportar uma perda é uma coisa. Mas se manter firme enquanto a faca é torcida e retorcida para o prazer de um monstro cruel e perturbado? Alimentar-se à mesa de um assassino, beber com perfeito autocontrole quando o que se quer fazer é vomitar e gritar? Quem conseguiria suportar algo assim?

Será que ele havia ficado entorpecido? O Pastor era um bruto insensível? Seu espírito estava partido, sem coragem?

Não. A resposta é muito mais simples: *ele tinha outro filho*.

Sua postura não poderia falhar, para que ele não falhasse com seus filhos. Então ele não falhou. Valendo-se de força e dignidade indescritíveis e incompreensíveis, Pastor perseverou. Manteve a família segura.

Precisamos entender que a temperança é mais do que apenas ser brando ou calmo em situações estressantes. É mais do que tolerar críticas ocasionais ou manter alguns impulsos sob controle.

Às vezes, é ter força para *não* fazer o que queremos mais do que tudo no mundo. É conter os sentimentos mais naturais, compreensíveis e perdoáveis: levar para o lado pessoal, fugir, ruir, encolher-se de medo, comemorar com alegria, xingar de raiva, retaliar.

Satisfazer a esses impulsos seria dar a seus oponentes exatamente o que querem, ou pior, prejudicar uma pessoa inocente.

Um golpe? Uma entrevista hostil? Um jogo com milhões de espectadores? Uma mentira dolorosa? Uma situação perigosa, com risco de vida? Uma aposta que mudará sua carreira, em que você arrisca tudo o que tem? Pelas pessoas que amamos, somos fortes para superar qualquer coisa. Pela causa ou vocação com a qual nos comprometemos, somos fortes para suportar. Precisamos ser.

Podemos engolir a dor, como Pastor precisou fazer. Podemos nos recompor como Marco Aurélio, como a rainha, repetidas vezes.

Fazemos isso porque estão nos vendo — nossos filhos, nossos seguidores, nossos alunos, o mundo em geral. Não apenas não queremos decepcioná-los, como queremos inspirá-los, mostrar o que é possível e que *acreditamos* de todo o coração nisso.

"Não importa qual seja sua carga. Importa como você a carrega", dizia Sêneca.

As pessoas verdadeiramente grandes a suportam com elegância.

Equilíbrio.

Coragem.

Disciplina.

LEVE A CARGA PELOS OUTROS

No Natal de 1998, o general Charles C. Krulak chegou à Base do Corpo de Fuzileiros Navais de Quantico esperando encontrar um recém-alistado de plantão no posto de guarda. Ficou surpreso ao não o ver. E ainda mais ao se deparar com o brigadeiro-general Jim Mattis naquele turno.

Havia acontecido alguma coisa?

Não, mas o homem que fora designado para o serviço de guarda naquele dia tinha família, e Mattis achou que o subordinado deveria estar em casa. Apesar de cerca de vinte anos de serviço militar e das várias tarefas que poderia estar realizando, Mattis optou por assumir as obrigações desagradáveis de um soldado comum.

Um líder deve ser altruísta, sacrificar-se, enfrentar as mesmas privações que todos os outros na organização. Mattis havia aprendido com os escritos do general Viscount Slim que, se o líder for capaz disso, "eles o seguirão até o fim do mundo".

"O privilégio do comando é comandar, e não ganhar uma barraca maior", disse Mattis certa vez a um tenente que ele flagrou se esquivando.

De fato, os melhores comandantes ficam com as menores barracas. Passam suas provisões extras para as tropas. Não facilitam as coisas para si mesmos, eles as dificultam. Porque sabem que não se trata apenas deles.

"Não estamos no mesmo nível", reclamou certa vez um soldado de infantaria a Xenofonte enquanto esse liderava os Dez Mil, em sua maioria gregos, para fora da Pérsia. "Você está cavalgando enquanto eu estou carregando um escudo a pé." Ao ouvir isso, Xenofonte desceu e carregou o escudo do homem pelo resto do caminho.

Ser o "chefe" é um trabalho. "Liderar" é algo que se conquista. Você se eleva a esse plano por meio da autodisciplina. Com episódios de sacrifício como esses, quando assume a carga ou a responsabilidade em nome de outra pessoa.

Como já dissemos, o sucesso não nos exime do autocontrole. Também não nos livra do trabalho árduo nem das consequências. Você passará a ter que ajudar os outros a levar as cargas deles. E o fará com prazer, porque, ao aceitar as recompensas, também aceitou a responsabilidade.

Gregg Popovich aceitou a multa e as críticas para que seus jogadores tivessem carreiras mais longas e para que, no futuro, outros treinadores se beneficiassem dessa prática agora comum. Harry Belafonte pagou as contas para que a família King tivesse um pouco de tranquilidade e de descanso.

Quando Antonino assumiu o trono, lembrou à esposa que, a partir de então, teriam que ser *mais* generosos. Também precisariam ser mais rigorosos consigo mesmos, ter mais autocontrole. "Agora que ganhamos um império, perdemos até o que tínhamos antes", afirmou.

Seria maravilhoso se o poder ou o sucesso nos isentasse... de tudo que é demorado, prosaico, inconveniente e difícil. Mas, na prática, o sucesso aumenta tudo isso. Exige mais de nós. A vida é assim.

Você é capaz de suportar isso?

O líder chega primeiro e vai embora por último. O líder trabalha mais. O líder coloca os outros em primeiro lugar. O líder assume a carga.

Todo o resto é apenas uma questão de semântica e títulos.

Por mais evidente que pareça, infelizmente essa não é a norma. Para cada Marco Aurélio que vende os móveis do palácio durante uma praga, há senadores que viajam em busca de um clima mais quente enquanto seus cidadãos congelam em casas sem energia ou água. Para cada CEO que abriu mão do próprio salário durante a pandemia, houve empresas que aceitaram auxílio do governo e demitiram pessoas... e ainda deram bônus aos executivos. Para cada um que se sacrificou pela saúde pública durante a crise da covid-19, houve primeiros-ministros que deram festas e governadores que se deliciaram com grandes jantares em restaurantes premiados.

Plutarco se lamentava que muitos líderes pensavam que "o maior benefício em governar é a liberdade de não serem eles próprios governados".

Não, é você que precisa seguir as regras de perto. É você que precisa mostrar que está falando sério. Quanto mais fez, mais alto o padrão que deve manter. Quanto mais tem, mais altruísta deve ser.

Não por uma questão de percepção pública, mas porque é *a coisa certa a fazer*. Porque foi para isso que você se candidatou quando assumiu a responsabilidade.

Tudo o que o general Mattis disse a suas tropas sobre sacrifício, sobre ajudar uns aos outros, sobre dever, sobre humildade, sobre empatia? Nada teria importado tanto se ele não tivesse sido visto, repetidas vezes, vivendo de acordo com aqueles ideais.

Precisamos mostrar, não dizer: o primeiro na fila do perigo, o último na fila das recompensas; o primeiro na fila para o dever, o último na fila para o reconhecimento. Para liderar, é preciso sangrar. De modo figurado, mas, às vezes, também literal.

É mesmo injusto? Ou foi com isso que você se comprometeu? A propósito, não é também para isso que tem um bom salário?

Esse é o privilégio de comandar.

SEJA GENTIL CONSIGO MESMO
~

Cleantes era alguém que não se metia na vida dos outros. Mas, certa manhã, enquanto caminhava pelas ruas de Atenas, o filósofo estoico se deparou com um homem que se repreendia por algum fracasso. Cleantes não pôde ficar calado, então parou para conversar com o estranho chateado: "Lembre-se, você não está falando com um homem mau", disse gentilmente.

É verdade que o objetivo da autodisciplina é que sejamos rigorosos. Que sustentemos padrões elevados. Que não aceitemos desculpas. Que demos nosso melhor sempre para sermos melhores.

Mas isso significa que nós devemos nos autoflagelar? Devemos ser tratados ou repreendidos como se fôssemos uma pessoa má?

De jeito nenhum.

No entanto, temos nossos lapsos inconscientes e começamos com discursos negativos o tempo todo. *Você é horrível. Você estragou tudo. Você fez tudo errado.*

Acha que Dalai Lama anda por aí tratando a si mesmo dessa maneira?

Você fez tudo errado. E daí? Não é perfeito. Não é sobre-humano. *Ninguém é.* O escritor Ta-Nehisi Coates nos lembra que "nem todos podemos ser sempre Jackie Robinson; nem mesmo Jackie Robinson sempre foi Jackie Robinson". O mesmo vale para Catão, Martin Luther King Jr., Toni Morrison e a rainha Elizabeth.

Também para Marco Aurélio, que lembrou a si mesmo e a todos nós que não devemos "nos sentir exasperados, derrotados ou desanimados porque os dias não são repletos de ações sábias e morais. É preciso se levantar quando falhar, para celebrar o fato de que somos humanos, ainda que imperfeitos, e se lançar à busca em que embarcou".

O fracasso é inevitável. Erros vão acontecer.

Todo mundo que você já admirou perde a paciência. Aperta o botão "soneca". É vítima de maus hábitos. Não é um cônjuge, um vizinho ou um pai perfeito.

O que você teria feito se tivesse presenciado alguns desses momentos? Não teria descartado por completo esses indivíduos da sua vida, tampouco os repreendido. Você os teria tranquilizado, lembrado de todo o bem que estavam fazendo, dos feitos incríveis que já haviam realizado. Você os encorajaria a seguir em frente.

Mas será que pode dizer isso *a si mesmo*? Consegue *se* ver sob essa perspectiva calma e branda da filosofia?

Ou é impulsivo demais, tenso demais, duro demais?

"É difícil ter um superintendente do Sul", escreveu Thoreau em *Walden*, com certo exagero, "é pior ter um do Norte; mas muito pior é quando você é o senhor de si mesmo".

Ninguém gosta de tirania... Por que ser um tirano consigo mesmo?

O estoicismo não tem a ver com autopunição. É uma escola severa, disso não restam dúvidas, mas, como Sêneca escreveu: "Na verdade, nenhuma escola filosófica é mais gentil e compreensiva, nem mais amorosa com a humanidade e mais atenta ao nosso bem comum, na medida em que seu propósito é ser útil, ajudar o próximo e considerar os interesses não apenas individuais... mas de todas as pessoas."

"Todas as pessoas" inclui *você mesmo*, só para lembrar.

Depois de uma vida inteira estudando filosofia, foi assim que Sêneca passou a julgar seu próprio crescimento: "Que progresso fiz? Tornei-me um amigo de mim mesmo", escreveu.

Um amigo de si mesmo.

Você não é o inimigo. É a pessoa que está fazendo o melhor que pode. Que está melhorando a cada dia.

Você nunca deixaria um amigo dizer que não vale nada. Nunca o deixaria desistir por ser tarde demais. Nunca permitiria que ele declarasse não ter mais jeito. Você se recusaria a deixá-lo maltratar a si mesmo, torturar-se.

Com um amigo, somos capazes de manter a calma. Somos capazes de tranquilizar. Damos conselhos, não broncas. Não se trata apenas de uma gentileza, é de extrema valia. Somos capazes de ajudarmos, de tirá-los do fundo do poço e colocá-los de volta no caminho do sucesso e da felicidade.

Agora imagine do que você seria capaz se pudesse oferecer esse serviço a si mesmo com regularidade.

Crescemos com base no amor e no apoio.

Ser gentil consigo mesmo é um ato de autodisciplina. É ser um bom amigo.

Não se martirize. *Ajude-se*. Melhore a si mesmo. É o que os amigos fazem.

O PODER DE CEDER O PODER

~

George Washington terminou o trabalho e voltou para casa. Acabara de derrotar o Império Britânico, um continente inteiro se estendia à sua frente como espólio de guerra, e, ainda assim, ali estava ele, não apenas renunciando à comissão, mas a todo e qualquer poder que pudesse ter pedido, toda e qualquer honra que pudesse ter sonhado para si mesmo. Poderia ter se autonomeado rei e garantido que sua família estivesse no poder ao longo de séculos.

Mas ele fez uma reverência e entregou a espada.

Quando contaram sobre esse plano ao rei George III, ele ficou incrédulo. "Se Washington fizer isso, será o maior homem do mundo", afirmou o monarca ao pintor norte-americano Benjamin West.*

Como Napoleão, Washington havia estudado os conquistadores da história quando jovem. Também tinha visto os exemplos negativos de Alexandre, o Grande, e de Júlio César. Apenas levou esses exemplos a sério. Mais ainda: foi inspirado pela história de Cincinato, o estadista romano que, convocado em uma terrível crise, recebeu poder quase ilimitado, apenas para renunciá-lo depois de salvar seu condado e então retornar à tranquilidade de sua fazenda.

Administrar a própria ambição é uma coisa. Responsabilizar-se por seus atos é outra. Mas abrir mão do poder? Dar ou compartilhar

---

* Na verdade, o que fez de Washington o maior (embora ainda imperfeito) dos fundadores foi a decisão de libertar todos que escravizava, desistir de exercer poder sobre eles e fazer a coisa certa. Foi o único de seus semelhantes a tomar essa decisão.

por vontade própria a força que dizem corromper por completo o indivíduo?

É o feito mais raro do mundo.

É a temperança personificada.

Somos condicionados a adquirir cada vez mais. Somos instruídos a lutar para chegar ao topo. Alguns têm a sorte de chegar.

Treinador principal. CEO. Proprietário. Presidente. Capitão.

Por que abriria mão depois de tudo? Por que compartilharia o que é *seu*?

Bem, as razões mais convincentes para isso se encontram nas pessoas que não podem fazer isso.

A história de Roma — na verdade, a história da humanidade — é quase universalmente a narrativa de pessoas que *pioraram* por causa do poder. De Nero a Napoleão, de Tibério a Trump, o poder não apenas corrompe, mas revela. O poder deposita uma tensão inimaginável sobre as pessoas e as sujeitam a tentações inacreditáveis. É capaz de arruinar até os mais fortes.

Dov Charney fundou a American Apparel, uma empresa de moda erguida sobre práticas trabalhistas justas e marcas éticas. Mas quando o sucesso veio e as tentações surgiram, ele passou a trair esses princípios de modo lento e frequente, agarrando-se ao controle e ao poder, mesmo quando o estresse e o escrutínio sugavam a alegria do trabalho. Investidores, consultores, funcionários — todos o aconselharam a contratar operadores competentes para ajudar a resolver problemas difíceis, mas ele não conseguiu.*
Preferiu se manter cercado de lacaios e iniciantes sobre os quais podia exercer poder, em vez de o compartilhar e capacitar outras pessoas. Antes que sua intemperança por fim levasse o conselho da empresa a removê-lo, foi-lhe oferecida uma última alternativa: ele poderia renunciar ao cargo de CEO e se tornar um consultor criativo, mantendo suas opções de ações e um salário anual de 1 milhão de dólares. Mas Dov escolheu destruir tudo em vez de

---

* Eu mesmo o avisei muitas vezes.

enfrentar a perspectiva de outra pessoa ter o menor controle sobre o que ele havia construído.

Uma das inovações brilhantes dos fundadores dos Estados Unidos foi a separação dos poderes. Eles entenderam que o poder concentrado era perigoso e que a liderança era um fardo que seria mais leve ao ser distribuído. Washington considerava que estava devolvendo o poder ao povo para ser dividido e atribuído conforme fosse considerado mais adequado. Líderes mais ambiciosos não conseguiriam ignorar o canto da sereia... mas Washington conseguiu.

Quem não é capaz de resistir é um perigo a si e à organização. Quem *precisa* disso, que não suporta nenhuma outra posição a não ser a de comando, não é grande, mesmo que conquiste grandes feitos. Trata-se de alguém viciado! Não tem poder, o poder que o domina. Essas pessoas nunca são os líderes cujas organizações alcançam sucesso a longo prazo ou atingem seu potencial, porque são incapazes de planejar sua sucessão, incapazes de preparar os outros para assumir suas responsabilidades, incapazes de fazer qualquer coisa que diminua a própria importância.

Ao considerar as oportunidades diante de si à luz calma e branda da filosofia, Washington escolheu o caminho de Cincinato, de volta a Mount Vernon. Queria um tempo tranquilo sozinho. Queria se dedicar ao trabalho humilde e árduo. Acatou a separação do poder civil e militar. Colocou o país acima de si mesmo.

Não deve ter sido fácil para um homem ambicioso com opiniões fortes sobre como tudo deveria ser. No entanto, ele o fez.

Mas Washington não acabou se tornando presidente? Sim, ele se tornou presidente, com relutância... e apenas depois de se submeter a duas eleições populares. Então renunciou pela última vez após dois mandatos, estabelecendo uma norma extraconstitucional de restrição que seria observada, sem interrupções, pelos próximos 150 anos antes de ser consagrada na Constituição como a 22ª emenda, em 1951.

Em Roma, o imperador tinha um poder inacreditável — quase tudo o que quisesse era dele, se solicitasse. Porém, tanto Marco Aurélio quanto Antonino escolheram ceder ao voto popular para o cargo de cônsul durante seus mandatos e concorreram como indivíduos em vez de exigir a honra e o poder como um direito.

Se fosse eu, você pode estar pensando, *teria ficado com o dinheiro. Teria escolhido o poder.* E talvez eles também tivessem... se fossem você.

Platão afirmou que os melhores líderes não queriam poder. A verdade é que não *precisavam* do poder. Por terem dominado os apetites e o ego, os melhores líderes são mais fortes, mais independentes, menos sujeitos à corrupção, mais calmos, mais gentis e mais focados no que é importante.

Após a guerra, Churchill recebeu um ducado da rainha Elizabeth. Ficou tão emocionado e honrado que quase começou a chorar. Então se conteve e recusou educadamente: "Lembrei-me de que devo morrer como quem sempre fui, Winston Churchill", declarou.

O que importa não é o título. Não é o poder. Não é a riqueza. Não é o controle.

A grandeza não é o que você tem.

É quem você escolhe se tornar. Ou quem escolhe continuar sendo.

DÊ A OUTRA FACE

Em 1962, na Conferência de Liderança Cristã do Sul, em Birmingham, Martin Luther King Jr. pronunciou o discurso de encerramento para um grande público composto tanto de negros quanto de brancos. Enquanto ele falava, agradecendo a todos e lembrando-os dos planos para o próximo ano, um homem branco chamado Roy James subiu ao palco e começou a espancá-lo.

O primeiro soco atingiu King com tanta força no rosto que ele chegou a girar. Os golpes seguintes vieram em rápida sucessão, atingindo a cabeça e as costas, e encheram o auditório, que havia caído em silêncio, com o som doentio de osso atingindo carne.

Septima Clark, na plateia, ficou pasma com a violência repentina, sem saber, a princípio, se fazia parte de uma performance. Mas então observou King, que se recompunha após o primeiro ataque e se virava para enfrentar o agressor, abaixando as mãos "como um bebê recém-nascido" para receber mais golpes. Enquanto era espancado na frente de centenas de pessoas, ele se entregou ao agressor, oferecendo, literalmente, a outra face, como uma demonstração máxima dos princípios da não violência e do amor cristão.

Por um momento, a reação também deixou James atordoado o suficiente para que as pessoas se interpusessem entre eles. "Não o toquem!", gritou King para a multidão furiosa. "Não o toquem. Precisamos orar por ele." Quando todos começaram a orar e cantar, King falou de modo gentil com o homem que acabara de espancá-lo, assegurando que James não seria ferido, então o levou a um escritório particular onde os dois conversaram. King voltou ao palco depois de algum tempo, após aceitar duas aspirinas oferecidas por Rosa Parks, e encerrou a conferência com uma bolsa de gelo no rosto.

Uma coisa é "aceitar a não violência como minha legítima esposa", como King gostava de dizer, para tentar ignorar provocações e insultos. Outra é fazê-lo enquanto se está sendo espancado por um nazista na frente de seus amigos e apoiadores mais próximos.* Outra, ainda, é dar um passo em direção à violência para mostrar a esses amigos e simpatizantes como é recorrer, de modo literal, ao autocontrole e ser indulgente o suficiente para surpreender até mesmo a polícia de Birmingham ao se recusar a prestar queixa.

Talvez seja possível bater em uma pessoa tão compassiva, mas é impossível vencê-la.

King sabia disso. Ganhou os Estados Unidos graças à sua capacidade de resistir ao sofrer. Impressionou o país com sua moderação.

Responder, revidar... essas são as respostas esperadas. Elevar-se acima desses instintos compreensíveis e até de autopreservação requer disciplina. Estar acima deles é o verdadeiro autocontrole.

Para King, havia algo além da utilidade política na não violência. Havia algo que *elevava* o indivíduo. Podia fazer com que a pessoa mais comum, até mesmo imperfeita, alcançasse — ao menos no momento de crise ou protesto — um plano heroico e transcendente. Tal era o poder do amor, da graça e do perdão.

Oferecer a outra face é um princípio espiritual — sem dúvida enraizado na virtude da justiça —, mas também é um ato de vontade. Você precisa *fazer*, mesmo que doa.

Em 1952, Sandra Day O'Connor fez um voto legítimo de casamento com seu marido, John Jay O'Connor. Por quase quarenta anos, em cargos no exterior, campanhas políticas e, depois, na mais alta corte do país, ela cumpriu o prometido, amando e cuidando, aceitando e respeitando, no melhor e no pior. Mas, em 1990, ele foi diagnosticado com Alzheimer, o que colocou em xeque o trecho "na saúde e na doença". A princípio, Sandra o levava para trabalhar

---

* James era, de fato, membro do Partido Nazista Americano.

com ela todos os dias, para que ele não ficasse sozinho. Ela acabaria por desistir de seu trabalho dos sonhos — um cargo vitalício — para cuidar do marido, mesmo quando ele não a reconhecia.

Em 2007, um repórter divulgou que John O'Connor havia se apaixonado por outra paciente com Alzheimer, como acontece às vezes com as vítimas da doença, e se esquecido por completo da esposa e do casamento. Recompondo-se, Sandra Day O'Connor decidiu usar suas consideráveis conexões para chamar a atenção para essa doença impiedosa e cooperar com a história. "Estou feliz que John esteja feliz", afirmou com uma expressão corajosa... mesmo que aquilo deva ter partido seu coração.

Isso é *compromisso*.

O que acontece com casamentos, com relacionamentos, com o fato de nos expormos ao público é que ficamos sujeitos a sermos magoados. Ficamos vulneráveis. Proteger a nós mesmos é fácil, basta nos isolarmos. Persistir durante mais de *cinco décadas*, como Sandra Day O'Connor, exige oferecer a outra face de modo contínuo, manter-se vulnerável, colocar o outro em primeiro lugar, perdoar, amar, aceitar e cuidar.

Você é capaz de fazer isso? É forte o suficiente? *Ama* o suficiente?

O mesmo vale para as causas com as quais nos comprometemos. Ficaremos aquém delas e precisaremos nos levantar. Nosso compromisso será testado além da compreensão. Precisaremos nos sacrificar... e, depois, nos sacrificar um pouco mais.

Mas, se conseguirmos continuar marcando presença, doando e nos esforçando para viver de acordo com esses padrões altos... De acordo com Martin Luther King Jr., então teremos chegado ao topo da montanha.

Tocaremos algo especial, algo superior, algo sagrado.

COMO SE RETIRAR

~

A operação mais impressionante da Segunda Guerra Mundial não foi a invasão do Dia D. Foi, de certo modo, o *oposto*. O desembarque nas praias da Normandia envolveu cerca de 160 mil soldados aliados. Em comparação, a retirada de Dunquerque, quase exatos quatro anos mais tarde, envolveu a evacuação de cerca de 340 mil soldados. Essa operação não foi planejada por anos, não houve ensaios. Foi feita de repente, com a ajuda de inúmeros civis e soldados que, com calma e concentração, apresentaram-se e fizeram o que precisava ser feito.

Como sempre, a invasão recebe toda a glória, mas não teria sido possível sem o heroísmo transcendente e a disciplina da retirada. A primeira foi magnífica, mas a outra, todos sabiam na época, foi um *milagre*.

Era uma derrota, mas a ordem e a disciplina com que foi tratada de fato *inspiraram* a Grã-Bretanha. Nos dias seguintes, Churchill faria seu famoso discurso sobre a luta até o fim, nas praias, no ar, nos campos e nas ruas. Por que a Inglaterra acreditou que conseguiria? Graças ao que Churchill viu em Dunquerque, ele tinha certeza de que era possível. "As guerras não são vencidas com evacuações, mas houve algo de vitória nesse resgate", afirmou.

Às vezes, temos de nos apressar para entrar.

Às vezes, devemos aguentar firme.

Mas, muitas vezes, o mais difícil é ir no sentido oposto.

Nosso instinto é avançar. Há uma parte de nós que prefere morrer a admitir a derrota, ou pior, fugir. Nos livros de contos, de história, a retirada é o contrário do heroísmo, da coragem e da disciplina.

No entanto, às vezes devemos reunir o equilíbrio e a coragem necessários para elegê-la.

Sócrates se viu nessa situação na Batalha de Délio. Não costumamos ver o filósofo como um soldado, mas ele foi — e dos bons, diga-se de passagem. As linhas atenienses haviam rompido, e os homens estavam em debandada. Mas Sócrates manteve a autodisciplina e, mesmo enquanto fugia, cuidou para não largar as armas nem o escudo. Dizem que continuou a lutar mesmo ao deixar o campo de batalha. Alcibíades, um aluno seu cuja vida Sócrates havia salvado, seria profundamente inspirado pela visão do professor abrindo caminho para casa, sem abandonar ninguém nem nada de valor, e muito menos sua dignidade. "Esse é o tipo de homem que nunca é tocado na guerra", diria Alcibíades mais tarde. "Só são perseguidos aqueles que fogem precipitadamente."

Avançar é sempre inspirador... mas, às vezes, é preciso um homem maior e um nível acima de disciplina para manter a dignidade quando é preciso tomar sentido oposto.

Seria maravilhoso se os bons nunca perdessem uma batalha, se destemor ou trabalho duro fossem sempre suficientes, mas a realidade é outra. Às vezes, é preciso viver para lutar mais um dia. A questão não é quando teremos de fazer isso, mas *como* reagiremos quando esse dia chegar.

Para os gregos, a vergonha não consistia na retirada, e, sim, na forma como ela havia sido levada a cabo. O pecado mais grave era a *rhipsaspia* — perder o escudo no caos da fuga —, porque colocava em perigo toda a falange e expunha os companheiros à morte. Um espartano podia retornar de uma batalha perdida, mas nunca ousaria abandonar ninguém. Era o que queriam dizer quando falavam em "retornar com o escudo ou sobre ele".

Quando tudo parece perdido, alguns simplesmente desistem. Coisas terríveis decorrem desse colapso da vontade. Desordem e apatia agravam o problema, impedem a recuperação e até infligem danos colaterais a outros. Esse não é o caminho, como nos mostram Sócrates e os heróis de Dunquerque.

Ao mesmo tempo, há outros que se recusam a desistir e acreditam que essa teimosia é uma virtude. Mas também se trata de um vício. Quem consegue apenas seguir em frente, quem nunca recua, quem não tem um plano de fuga... Essa pessoa não é corajosa, mas inconsequente. Esse indivíduo não tem autocontrole, está preso em uma única marcha. Ninguém ganha tudo sempre, nem na guerra, nem na vida, nem nos negócios. Uma pessoa que não sabe como se desvencilhar, reduzir as perdas ou se libertar torna-se vulnerável. Alguém que não sabe perder ainda assim vai perder... só que de forma mais dolorosa.

Lincoln descobriu que o pai estava preso na lógica de uma velha expressão: "Se fizer um mau negócio, abrace-o com mais força." Essa incapacidade de romper com a situação, de mudar de tática, de admitir um erro, a tal falácia do "custo irrecuperável" personificada? Isso condenou o homem a décadas de fracasso e dificuldades, gastando um bom dinheiro com coisas ruins.

Gostaríamos de pensar que somos diferentes, mas será que somos mesmo?

Agimos como idiotas ao fazer as mesmas coisas de sempre na ilusão de que um dia trarão resultados diferentes. Achamos que é um sinal de caráter não desistir, quando pode muito bem ser estupidez ou fraqueza. Ou pensamos que podemos seguir em frente para sempre, quando, na verdade, é essa insaciabilidade que muitas vezes nos leva direto para a armadilha que o inimigo preparou para nós.

A esperança é importante, mas não é uma estratégia. Negação não é o mesmo que determinação. Ilusão é destruição. Você vai acabar nas garras da ganância.

Pense no autocontrole de Rocky Marciano, que se afastou do mundo da luta quando sentiu que o corpo não aguentava mais. Foi um dos raros boxeadores a deixar a carreira antes que fosse tarde demais. Em 1956, recebeu uma oferta de *1 milhão de dólares* para voltar e lutar contra Floyd Patterson. Era mais do que o dobro do que havia recebido em sua sexta e última defesa de título contra

Archie Moore, no ano anterior. Mas ele sabia que seu tempo havia acabado. Valorizava seu cérebro mais do que o ego ou o bolso.

Lembre-se: no final das contas, Gehrig foi para o banco por conta própria, antes que seu desempenho prejudicasse o time. Lidou com a saída com grande dignidade e equilíbrio, mesmo quando perdeu o que mais amava. É preciso ser forte para isso. Para saber quando a sua vez acabou. Para saber quando é preciso pedir para sair.

Conta-se uma história sobre Dean Acheson, subsecretário do Departamento do Tesouro norte-americano durante a Grande Depressão. Ele se viu em um sério desentendimento com Roosevelt sobre uma questão monetária. Argumentou com o presidente que a lei era muito clara, mas Roosevelt respondeu que esperava que os advogados encontrassem uma maneira de contorná-la. Após uma discussão ferrenha, Acheson apresentou uma educada e elegante carta de demissão e, em seguida, compareceu à cerimônia de posse de quem iria substituí-lo, na qual agradeceu pela oportunidade a Roosevelt, que ficou estupefato. Acheson não apenas voltaria para trabalhar com o presidente durante a guerra, como o último o consideraria um exemplo: "Peça conselhos a Dean Acheson sobre como um cavalheiro se demite", respondeu Roosevelt certa vez a um funcionário que lhe entregou uma carta de demissão petulante.

Você consegue deixar o ego de lado e aceitar a derrota — ou diferenças irreconciliáveis? Consegue ir embora quando chega a hora? Mesmo quando ficar é tentador? Consegue manter a compostura quando tudo está desmoronando, quando todos os olhos estão sobre você à espera de que *você* desmorone também?

Você deve pagar suas dívidas, assumir seus erros e comunicar suas intenções. Deve ter um plano para o que fará depois. Seja um próximo projeto, um novo capítulo, outra tentativa.

Precisamos lembrar que as retiradas são apenas temporárias, uma forma de ganhar tempo até retomarmos a ofensiva e, com coragem, voltar a buscar a vitória.

SUPORTE O INSUPORTÁVEL
~

Em seu quarto em Heiligenstadt, na Áustria, em outubro de 1802, Beethoven experienciava seu pior momento. Sua saúde vinha se deteriorando havia anos. Ele sofria com febre e disenteria. Era torturado por dores de cabeça incapacitantes. Estava com o coração partido depois de mais de um caso de amor fracassado, mais uma vez impedido de se casar por sua falta de status de nobreza. Sua genialidade ainda não havia sido reconhecida em larga escala. Os críticos falavam sobre ele, mas a velha guarda ainda controlava a cena musical. As guerras de Napoleão ainda devastavam sua terra natal.

Foi nesse momento sombrio que ele considerou acabar com tudo.

"Há seis anos", lamentaria ele em uma carta a seus irmãos, "tenho me sentido desesperadamente aflito, o que é agravado por médicos insensatos; ano após ano, sou enganado com promessas de melhora, por fim compelido a enfrentar a perspectiva de uma *doença duradoura* (cuja cura, se possível, levará anos). Embora tenha nascido com um temperamento impetuoso e ativo, mesmo suscetível às diversões da sociedade, logo fui compelido a me isolar, a viver sozinho. Em algumas ocasiões, acreditei que poderia esquecer tudo isso, mas a experiência duplamente triste de minha audição ruim sempre ressurgia em toda sua fatalidade. No entanto, sentia que era impossível dizer às pessoas: 'Fale mais alto, grite, pois sou surdo.'"

O destino havia se colocado contra Beethoven. Seu corpo falhara com ele. Os acontecimentos haviam conspirado para derrotá-lo. Na verdade, teriam derrotado a maioria das pessoas.

No entanto, ele não foi derrotado por completo.

Ao encarar o precipício que desaparecia na escuridão, um futuro em que seu maior dom desapareceria, de alguma forma, apesar de toda a dor e a angústia, ele reuniu forças para continuar. "Foi apenas minha arte que me amparou. Ah, parecia-me impossível deixar este mundo antes de ter produzido tudo o que me sentia capaz de produzir, então prolonguei esta miserável existência... Espero que minha determinação permaneça firme para resistir até o momento que as inexoráveis Parcas desejem romper o fio. Talvez eu melhore, talvez não, estou pronto", escreveu.

Apesar da miséria indescritível, a virtude o sustentou. "Graças a ela e à minha arte, não me suicidei", escreveu.

Que sorte a nossa Beethoven ter tido o autocontrole para resistir aos impulsos quase fatais. Sem esse ato de persistência, não teríamos *Für Elise*, o Concerto para Piano nº 5, oito de suas nove sinfonias ou centenas e centenas de outras peças.

Tudo na vida requer alguma forma de resistência. Paciência. Força. Adiamento da recompensa. Tudo isso. Mas e a própria vida? "Às vezes", como Sêneca escreveria da perspectiva de suas próprias doenças incapacitantes e depois do exílio, "até viver é um ato de coragem". E de disciplina.

A vida não é justa. Não é gentil. Exige de nós não apenas um corpo e uma mente fortes, mas uma alma — o que os antigos chamavam de *karteria*, ou perseverança. Caso contrário, não suportaríamos seguir em frente. Não conseguiríamos sobreviver aos golpes do destino, aqueles que nos desanimam, que nos fazem desistir de nós mesmos e abandonar a inteligência, os princípios e a filosofia.

"A paciência é a soma total de todas as virtudes humanas", disse o pregador Witness Lee.

Não se trata de enfrentar apenas uma ou duas tempestades, mas de algo além... como bem sabe qualquer pessoa que teve um ano ou uma década ruim ou até mais tempo. Mas são os que lutam, que são cercados por dificuldades, dores e dúvidas, que se recusam a desistir, que se recusam a parar de tentar... que possuem algo além de coragem. Dominaram seu corpo e sua mente, mesmo que estes tenham trabalhado tanto contra eles.

Devemos considerá-los como heróis.

O filósofo Sexto Empírico definiu a resistência como "uma virtude que nos torna superiores a tudo que parece difícil de suportar". Paul Gallico, ao escrever sobre o amigo Lou Gehrig, tentou definir seu heroísmo e chegou à conclusão de que se tratava, "entre outras coisas, da capacidade de sofrer silenciosamente, sem reclamar, da capacidade de suportar o sofrimento e nunca o deixar transparecer, nunca deixar o mundo suspeitar do que estava enfrentando".*

Sêneca permaneceu exilado por oito anos. Florence Nightingale passou dezesseis anos esperando, frustrada por não responder ao seu chamado. James Stockdale deve ter ansiado pela morte inúmeras vezes enquanto, com os braços amarrados atrás das costas, estava pendurado por uma corda, que deslocava seus ombros.

Pense na rainha Elizabeth ao enfrentar seu *annus horribilis*. Em Anne Frank no sótão por 25 meses, escrevendo entusiasmada em seu diário. Stephen Hawking, quarenta anos em uma cadeira de rodas por causa da ELA. Marco Aurélio, atormentado por uma doença estomacal ao longo da vida, depois guerras, inundações e uma praga real, lembrando a si mesmo de que nada era insuportável (e de que a única coisa que não era, nossa mortalidade, acaba por resolver o problema por nós).

Pense nas mães que superaram o pós-parto. Pense nas pessoas que lutaram contra o câncer, a falência e o fracasso humilhante. Pense nos viciados que resistiram durante a abstinência para sair do fundo do poço. Pense nas pessoas que lutaram para romper com o ciclo geracional de pobreza. Pense nos indivíduos escravi-

---

* Não confundamos isso com não pedir ajuda. Como escreveu de modo belo o artista Charlie Mackesy: "Pedir ajuda não é desistir, é recusar-se a desistir."

zados que sobreviveram ao pior do que os humanos são capazes de fazer uns aos outros.

Eles continuaram. Não desistiram. Mesmo assim, como escreveu Maya Angelou, "ainda se levantaram". E, ao fazê-lo, enobreceram e dignificaram sua luta com resistência e uma determinação silenciosa.

Eles se mostraram maiores do que a adversidade que abalou suas vidas. Continuaram.

O que significa que você também pode.

Não se desespere. Não desista.

Tenha fé.

Porque, um dia, você olhará para trás, quando a luta tiver terminado... e ficará feliz por ter seguido em frente.

Todos ficaremos.

SEJA MELHOR

Em 66 d.C., Pompeu já havia conquistado o título de *magnus*, tornando-o, de fato e de nome, Pompeu, o Grande. Ele havia reconquistado a Espanha, sido cônsul de Roma — não uma, mas duas vezes — e derrotado Espártaco na Terceira Guerra Servil.

Agora estava sendo enviado para enxotar os piratas cilícios que aterrorizavam o Mediterrâneo. Antes de partir, foi a uma consulta particular com o filósofo estoico Posidônio, uma das grandes mentes da Antiguidade.

O conselho de Posidônio pode ter soado bastante redundante. "Seja o melhor e sempre superior aos outros", dissera ao ambicioso general, citando uma frase de *A odisseia*. Mas Posidônio não estava falando em obter mais vitórias sobre o inimigo, e, sim, de dominar a si mesmo. Não estava falando de honras, mas de *ser honrado*.

Plutarco fala sobre um general e estadista muito menos famoso na Grécia, muitas gerações antes de Pompeu. Apesar do brilhantismo dentro e fora do campo de batalha, Epaminondas foi nomeado para um cargo menor em Tebas, uma posição de tão pouco prestígio que poderia ser considerada ofensiva. Na verdade, justamente por causa de seu brilhantismo, ele foi encarregado dos esgotos da cidade. Em vez de se irritar ou se desesperar com a própria irrelevância — vários rivais invejosos e temerosos pensaram que seria o fim da sua carreira —, Epaminondas desempenhou a nova função com perfeição e declarou que não é o ofício que traz distinção ao homem, e, sim, o homem que traz distinção ao ofício. Segundo Plutarco, com muito empenho e seriedade, "ele transformou o cargo insignificante em uma grande e respeitada honra, embora, antes de Epaminondas, envolvesse nada mais do que supervisionar a limpeza do esterco e o desvio da água das ruas".

Melhor é a pessoa que concede brilho às suas realizações com base na disciplina, não o contrário.

Foi o que Posidônio tentou dizer a Pompeu, embora ele não tenha compreendido direito. No final, não tem a ver com o que fazemos, mas com como fazemos e, por extensão, com *quem somos*.

Com muita frequência, encontramos pessoas que preferem ser excelentes em suas profissões a ser excelentes seres humanos, acreditando que o sucesso, a arte, a fama ou o poder nos eximem de tudo o mais.

Precisa ser assim? Ser amado precisa estar em desacordo com ser amável?

Ou, como afirmava Cícero, a temperança pode ser a chave de ouro de uma grande vida?

A rainha Elizabeth herdou a monarquia. Marco Aurélio foi escolhido para ser imperador quando menino. Mas não foi o trono que tornou qualquer um dos dois em realeza, foi seu comportamento. Eles eram o que os antigos chamavam de "primeiros cidadãos", tanto pelo caráter quanto pelo título. Como disse Marco, seu objetivo nunca havia sido se tornar o rei mais poderoso, conquistar o maior território nem construir os edifícios mais bonitos. Buscava a "perfeição de caráter: viver cada dia como se fosse o último, sem frenesi, preguiça ou fingimento". Acontece que conquistas externas maravilhosas, como as obtidas por Elizabeth e Marco, podem advir de esforços internos. Não são o objetivo, são o subproduto.

Conquistar o mundo é quase fácil depois de termos conquistado a nós mesmos. Sem dúvidas, menos pessoas fizeram o último do que o primeiro.

É o que descobrimos quando estudamos os verdadeiros mestres de qualquer profissão. Não se importam muito com vencer, com dinheiro, com fama, com a maioria do que vem como resultado do sucesso. Sua jornada sempre foi rumo a algo maior. Não estão disputando uma corrida com os outros. Estão em uma batalha consigo mesmos.

Autodisciplina nunca teve a ver com punição ou privação. Trata-se de ser melhor, a melhor versão de si que *você* é capaz.

A batalha para ser o melhor tem menos a ver com vencer os outros e mais a ver com se sobrepor aos impulsos, às falhas, aos instintos egoístas que todo ser humano tem. Nas finais da NBA de 1997, Michael Jordan venceu seu desejo de desistir no "jogo da gripe". Porém, um momento mais significativo das finais se passou em 2021, quando o técnico do Phoenix Suns, Monty Williams, um homem cuja vida não havia sido fácil, entrou no vestiário dos recém-coroados campeões que tinham acabado de vencer seu time. "Só queria parabenizá-los como homem e treinador", disse Williams aos Bucks. "Vocês mereceram. Sou grato pela experiência. Vocês fizeram de mim um treinador melhor e de nós um time melhor. Parabéns."

Nada era o suficiente para Pompeu, nada era sagrado. Sua ambição sem fim — seu amor insano pela glória, como definiu Posidônio — o tornaria um aliado de César, contribuindo para a destruição da República que um dia ele amara. Acabaria se dando conta da barganha faustiana e lutaria bravamente para preservar Roma, mas seria tarde demais. Seria derrotado pelos exércitos de César em Farsália em um dia e perderia tudo o que havia adquirido, seguido da vida. Suas últimas palavras citariam mais um dramaturgo da Antiguidade, Sófocles: "Quem faz sua jornada para a corte de um tirano torna-se seu escravo, embora tenha ido para lá como um homem livre."

Ao perseguir o tipo errado de "melhor" (fama, fortuna, poder e vitória), Pompeu se acorrentou ao "pior".

Ele perdeu tudo. Como acontece com todos nós quando cedemos, quando relaxamos em nossa disciplina, quando abrimos "exceções" e fazemos o que é conveniente em vez do que sabemos ser certo.

A História está repleta de grandes conquistadores. Há muito menos generais que foram grandes pessoas. Escritores talentosos, cientistas inovadores, atletas incríveis, empreendedores ousados... Todos esses tipos são raros. Mais raros ainda, e tanto mais impressionantes, são aqueles que conseguem realizar essas façanhas sem perderem o controle de si mesmos, sem se tornarem escravos da ambição, da carreira, dos impulsos.

Quem você vai ser?

Que corrida está correndo? Quem está tentando derrotar? Isso é mesmo o melhor?

FLEXIBILIDADE É FORÇA

Musashi corria um perigo real.
Não o perigo da espada, pelo menos, não diretamente.

Como qualquer pessoa que treina com intensidade, Musashi corria o risco de enrijecer, de ficar preso a determinado estilo, a determinada abordagem. É a consequência natural à qual estamos todos sujeitos quando nos especializamos.

Quando se pratica mil vezes algo da mesma maneira e depois outras mil vezes, você espera que seja sempre assim, talvez até *precise* que seja sempre assim. Segue uma rotina, estabelece um sistema, desenvolve seu estilo e encontra liberdade nisso... mas também, provavelmente, estaria submisso a isso.

À medida que se aproximava da verdadeira maestria, Musashi precisava se libertar dessas correntes autoimpostas. Sabia do possível preço, uma vez que havia derrotado muitos de seus oponentes mais implacáveis simplesmente interrompendo seu fluxo ou desequilibrando-os, chegando atrasado, agindo de maneira estranha, e até, em um caso, optando por lutar com um longo remo de madeira em vez de uma espada, para a completa perplexidade do guerreiro que tentava matá-lo.

Será que ele ia se tornar um prisioneiro do próprio método ou o romperia e adquiriria o que o grande estrategista Robert Greene, gerações mais tarde, descreveria como *falta de forma*?

Musashi escolheu o último. Estudou arte e poesia. Saiu, por iniciativa própria, da zona de conforto. Recusou-se a parar de se desenvolver e a se prender a qualquer coisa: reinventou, mudou, tornou-se um lutador renovado a cada dia e ficou melhor à medida que envelhecia.

"Com armas, como com qualquer coisa, não se deve fazer distinções", escreveu. "É errado que um general ou um soldado tenha preferência por um objeto e não goste de outro. Quando se coloca a vida em risco, é necessário que todas as armas sejam úteis", afirmou. Ou melhor, você quer *ter o maior número de armas possível*.

Você conhece a expressão "Para quem tem apenas um martelo, tudo parece prego"? É um alerta. Tem a ver com rigidez. Trata-se de ver a si mesmo de uma certa maneira, de encarar seu trabalho de uma certa maneira e das limitações inerentes a esse fenômeno.

O complicado é que, em parte, é disso que se trata a temperança. Consideramos certas coisas sagradas. Criamos sistemas. Desenvolvemos um estilo. Forjamos uma identidade. E então nos apegamos a isso. Enquanto todo mundo é como uma pena ao vento, nós nos mantemos firmes.

Ótimo. Mas não será suficiente.

Uma coisa foi o que fez de Tom Brady o maior quarterback de todos os tempos, outra foi o que contribuiu para sua notável longevidade profissional, permitindo-lhe conquistar vários campeonatos ao longo do percurso, muito depois de completar quarenta anos. Seu compromisso e trabalho árduo o tornaram grande. Mas o que lhe permitiu manter o corpo em boa forma foi sua *flexibilidade*. Outros jogadores trabalharam para ficar mais fortes e maiores... Brady, para se tornar mais flexível. Ele é ágil. Leve. Mas essa maleabilidade também é figurativa. Ele não *força* para que tudo seja de uma certa maneira... Ele se ajusta, sempre, às mudanças do jogo, às novas regras, aos novos receivers e a um novo time, em uma nova cidade, com uma nova geração de atletas.*

Agora precisamos saber como mudar também?

Precisamos.

---

* Em 2019, os Los Angeles Rams aprenderiam essa lição ao perder o Super Bowl: eram rígidos demais e não conseguiram se adaptar. Ao voltar em 2022, o treinador Sean McVay se concentrou em ensinar o time a relaxar, não treinar demais e alcançar certa paz de espírito.

Certa vez, um colega de Churchill captou com perfeição o equilíbrio ao observar que o primeiro-ministro "venerava a tradição, mas ridicularizava as convenções". O passado era importante, mas não era uma prisão. Os costumes antigos — o que os romanos chamavam de *mos maiorum* — eram importantes, mas não deveriam ser tomados como perfeitos. Pense na rainha Elizabeth, uma protetora de uma instituição eterna que, de alguma forma, nunca saiu de sintonia com seus contemporâneos. Era sobre isso que os Beatles estavam falando quando cantaram: *"Her Majesty's a pretty nice girl/ But she changes from day to day"* [Sua Majestade é uma garota muito legal,/ Mas muda de um dia para o outro]. Foi o que ela provou quando homenageou os integrantes da banda como Membros da Ordem do Império Britânico, em 1965, uma medida extremamente impopular entre os tradicionalistas da época, mas, em retrospecto, um passo muito necessário para o envolvimento da monarquia com a cultura do país.

Claro que algumas coisas, como nossos princípios, não podem mudar. Mas o resto? Precisamos ser fortes para nos ajustarmos e nos adaptarmos a fim de não acabarmos raivosos, amargurados e nos transformarmos em pessoas impossíveis de se lidar.

Uma vez, o técnico de basquete universitário Shaka Smart — ao deixar o Texas para trabalhar em Marquette, Milwaukee, no Wisconsin — foi questionado se preferia o clima frio ou quente. Sua resposta? "Sou um cara que se veste de acordo com o clima."

Devemos aprender a ser flexíveis, a lidar com os golpes da vida, com o clima e com a realidade de cada momento.

Nossa disciplina não pode se cristalizar em uma abordagem definida, como tende a acontecer de modo natural quando está funcionando. Mas o sucesso não é o único responsável por isso. Qualquer pessoa é suscetível, em especial com a idade, a se agarrar a seus hábitos, mesmo que não estejam dando bons resultados. Susan Cheever, ao escrever sobre Thoreau, descreveu uma realidade trágica: "À medida que envelhecia e não tinha sucesso algum no campo escolhido, com seu mundo desmoronando ao redor,

Thoreau parecia se tornar cada vez mais rígido. Tudo o que tinha eram seus princípios. Em vez de acreditar neles, parecia ser governado por eles." Era a definição da insanidade, o autor se apegava ao que não funcionava, aprisionado em um beco emocional; e artístico criado por ele mesmo.

Isso ecoa um aviso que um treinador deu certa vez a Muhammad Ali, cuja força de vontade o fazia estar sempre de pé com a cabeça erguida. *Um carvalho também fica de pé*, afirmou o treinador, *mas precisa dobrar e balançar para não ser derrubado*. "Carvalho também dá bons caixões", lembrou a Ali.

Muitas pessoas foram enterradas em caixões que elas próprias construíram. Antes do tempo também.

Elas não conseguiram entender que "a forma como sempre fizeram as coisas" não estava mais funcionando, ou que "a maneira como foram criadas" não era mais aceitável.

Devemos cultivar a capacidade de mudar, de ser flexível e adaptável, de maneira contínua e constante. Mudar as pequenas coisas do dia a dia, como fez a rainha, para preservar e proteger as grandes. Nem sempre é divertido. Nem sempre é fácil.

Mas qual é a alternativa? Morrer?

O autocontrole não é uma sentença de prisão perpétua. É um *modo* de viver.

Flexibilidade não significa jogar fora o que é importante, mas entender como viver e deixar os outros viverem, como honrar nossas tradições enquanto permitimos que outras novas e melhores sejam criadas. Significa também, à medida que o mundo muda e nossa posição o acompanha, ajustar-nos, encontrando uma maneira de sermos fiéis a nossos princípios que não nos condene à amargura ou ao fracasso desnecessário ou a estarmos à margem dos acontecimentos.

Rigidez é fragilidade. A falta de forma é indestrutível.

Podemos escolher uma ou outra.

INALTERADO PELO SUCESSO

~

Na noite em que o Muro de Berlim caiu, Angela Merkel tomou uma cerveja e foi para casa. A multidão se manifestou em um frenesi quase orgiástico de alívio e animação. Ela foi para a cama cedo. Tinha um projeto ao qual queria se dedicar no dia seguinte.

Mesmo depois de ter sido eleita chanceler, em uma ascensão impressionante a um dos cargos mais importantes da Europa, Merkel continuou morando no mesmo apartamento comum e alugado, com um preço fixo por contrato, que ocupava havia 23 anos. Quando vai a concertos na Orquestra Filarmônica, senta-se em lugares normais (pelos quais faz questão de pagar), com o restante do público. É conhecida por repreender assessores quando riem de forma exagerada de suas piadas. Os berlinenses há muito se acostumaram a ver a ex-"líder do mundo livre" fazendo as próprias compras no mercado.

Um dia, um jornalista perguntou a Merkel se a incomodava, depois de tudo o que havia realizado, que as pessoas em sua cidade natal ainda se referissem a ela como "a filha do pastor". "É quem eu sou", respondeu ela. Não importa o que mudasse em sua vida, aquilo continuava sendo verdade.

O mesmo aconteceu com Catão, o Velho, cuja austeridade inicial o fez se destacar entre os líderes decadentes de Roma. "Ainda mais notável", escreveu Plutarco, "foi que ele continuou com os mesmos hábitos, não apenas quando era jovem e cheio de ambição, mas quando estava velho e grisalho, e serviu como cônsul, e celebrou um triunfo, e, tal qual um campeão, seguiu cumprindo as regras de seu treinamento até o fim."

É o paradoxo do sucesso. Quando pensamos que conquistamos o direito de relaxar é justamente quando mais precisamos da disciplina. A recompensa por todos os esforços? Muito mais tentações. Muito mais distrações. Muito mais oportunidades.

A única solução?

Ainda mais autocontrole!

Ter conquistas é ótimo. Tornar-se um idiota egoísta por ter conquistas? Pensar que, por um acaso, você é melhor ou importa mais do que os outros? Francamente!

O que impressionou Plutarco em Catão e nos impressiona em Merkel é que não usaram o poder ou a posição para fazer o que tantas pessoas fazem: satisfazer o ego. Ou se isentar das regras.

No funeral do príncipe Philip em meados de 2021, uma das imagens mais comoventes foi a da pequenina rainha Elizabeth, com quase 95 anos, sentada sozinha na capela de St. George. Com certeza a família real teve a oportunidade de convidar mais pessoas para as honras. Foi uma gentileza que a rainha recusou de imediato, alegando que seria injusto com os milhões de britânicos e cidadãos da comunidade britânica que vinham cumprindo e respeitando os protocolos de segurança durante a pandemia.

Depois de uma vida inteira respeitando os protocolos, ela não estava disposta a abrir uma exceção. Poderia sofrer com as consequências, mas não com a desonra. Sim, significava que ela precisaria passar um dos dias mais difíceis de sua vida sozinha, mas, ainda assim, ela não estava sozinha. O dever a fortaleceu. A disciplina a ajudou a superar. Mais ainda, sua devoção monástica a *elevou*.

"Levanta-me e lança-me onde quiseres", escreveu Marco Aurélio em *Meditações*. "Meu espírito será misericordioso comigo lá, misericordioso e satisfeito." Ele disse isso não apenas por ser um bom amigo para si mesmo, mas porque o resultado da moderação e do autocontrole era a resiliência. O dom de seu rigor, de seu autocontrole, era a tranquilidade — tanto no sucesso quanto na adversidade. Trata-se de algo que todos podemos ter quando paramos de nos importar com o que os outros dizem ou fazem, preocupando-nos apenas *com nossas atitudes*. Quando nos concentramos apenas em ir "direto para a linha de chegada, sem desviar".

O mesmo ocorreu com Merkel, quando tomou a medida controversa de permitir que um milhão de refugiados entrassem na Alemanha — mais do que em qualquer outro país da Europa durante a crise da Síria. Ela poderia ter ignorado a crescente questão humanitária. Poderia ter repassado o problema para outro líder. Poderia ter pensado pequeno e considerado apenas suas chances eleitorais, como faz a maioria dos políticos bem-sucedidos.

Mas tratou da questão como *a filha de um pastor*, a pessoa que foi criada para ser, não a política em que havia se tornado. Tratou da questão como um ser humano. Fez o que considerava certo. Não teve medo. Não se importou se seria criticada. Sua única parte transformada pelo sucesso foi a capacidade de administrar eventos mundiais... e, desse poder, ela se apoderou.

É fácil ser modesto quando se tem muitos motivos para ser modesto. Mas agora você alcançou uma posição em que pode saciar suas paixões. É fácil seguir as regras quando não se está acima delas. Quando se ganha poder, as pessoas passam a abrir exceções para você. Quando se ganha poder, é preciso *auto*disciplina pura, porque todas as outras formas de limites desapareceram.

É quando estamos no auge que precisamos da mente mais lúcida. Não podemos deixar que certas substâncias ou o senso de superioridade nos ceguem. "As pessoas de posição humilde têm mais margem de manobra quando se trata de usar a força, entrar com processos, começar brigas e ceder à raiva", escreveu Sêneca, pois "golpes trocados por iguais causam pouco dano. Mas, para um rei, até levantar a voz para usar uma linguagem exaltada está em desacordo com sua majestade".

O autocontrole é uma virtude que exige que a alimentemos cada vez mais, embora não necessariamente se desenvolva no mesmo ritmo. O autocontrole não apenas não se torna mais fácil de ser alcançado, como ainda existem um milhão de motivos (e dólares) sedutores dos quais precisamos desistir para alcançar suas recompensas.

Mas você vai mostrar ao mundo que é melhor e maior do que isso. Que sua vitória não foi um acaso, mas que você a mereceu e tem o que é necessário para aumentá-la e mantê-la.

Você se concentrará no que é importante.

Seu ego não será inflado pelas mudanças ocasionadas pela sorte.

Você mostrará que o sucesso não o mudou.

Apenas o tornou *melhor*.

DISCIPLINA É VIRTUDE, VIRTUDE É DISCIPLINA

~

"As virtudes são como a música. Vibram em um tom mais elevado, mais nobre."

STEVEN PRESSFIELD

Goethe inicia *Fausto* com a seguinte frase: "No começo havia a Palavra."

Depois, corrige a si mesmo. Não, no começo havia *o ato*.

Este é um livro sobre disciplina, o segundo de uma série sobre as virtudes cardeais. No fim, é válido destacar: palavras não importam. *Atos importam.*

Na verdade, nada é uma prova maior disso do que a relação entre a temperança e as outras três virtudes: coragem, justiça e sabedoria. Elas são impossíveis, até mesmo sem nenhum valor, sem a autodisciplina para colocá-las em prática.

Quase todos os responsáveis pela fundação dos Estados Unidos — de Washington a Franklin, de Adams a Henry — argumentaram, de alguma forma, que seu novo sistema de governo era *impossível sem a virtude* do povo. Referiam-se principalmente à virtude da temperança, à noção de que a liberdade não poderia ser sustentada a menos que fosse temperada pela moderação individual. De fato, Adams afirmava que um povo sem autocontrole quebraria "os elos mais fortes de nossa Constituição como uma baleia atravessa uma rede".

Podemos ser corajosos e lutar por nossos direitos, pelo poder de sermos nossos próprios mestres — uma prerrogativa nossa

—, mas significa, em essência, que precisamos ser responsáveis por nós mesmos. Porque, se não formos, alguém ou algo será. Vejamos até onde você chega sem autodisciplina, quanto tempo dura o sucesso, com que rapidez qualquer virtude pode se tornar um vício se levada longe demais... incluindo a coragem, a justiça e até a sabedoria.

A autodisciplina é o único caminho. É a influência moderadora contra o impulso de todo o resto.

"Complemente [a coragem] com o autocontrole", escreveu Cícero, "e então terás todos os ingredientes para uma vida feliz: a coragem como defesa contra a angústia e o medo, e o autocontrole para libertá-lo da sensualidade e mantê-lo livre de desejos imoderados."

Falar sobre virtude é fácil. Foi fácil fazer isso ao longo deste livro, baseado em séculos de poesia, literatura e memórias. Mas seu propósito e as horas que você passou lendo-o não foram mero entretenimento. Não é disso que se trata a filosofia.

Estamos tentando de fato melhorar. Estamos tentando atender ao nosso chamado e fazermos nós mesmos essa escolha hercúlea. Hoje. Amanhã. A todo momento.

De que vale uma virtude se ela existir somente no papel? Qual é o sentido dela, se você não tiver coragem de colocá-la em ação? De resistir com ela? De insistir nisso, mesmo com tantas recompensas caso faça o contrário?

É óbvio que há uma relação entre estudo e prática, mas, em algum momento, é necessário praticar. Contemplamos a verdade e, então, precisamos agir em função dela.

As quatro virtudes tratavam de imbuir caráter — um bom caráter —, de modo que, no ponto crítico, a verdadeira natureza de uma pessoa entrasse em ação. A autodisciplina não é algo que simplesmente acontece, é algo que cultivamos. Assim como uma pessoa se torna um escritor escrevendo — e só se torna um grande escritor escrevendo o que vale a pena ser lido —, *ser* disciplinado é algo que se prova pela vida que se leva.

As pessoas que acompanhamos até agora — Lou Gehrig, Toni Morrison, Marco Aurélio, a rainha Elizabeth, George Washington, Martha Graham, Harry Truman, Joyce Carol Oates, Booker T. Washington e Floyd Patterson —, elas não eram perfeitas. Às vezes, demonstravam exatamente o contrário das virtudes que estamos estudando, e isso deve ser destacado. Ainda assim, não se pode negar que, em um momento decisivo e crítico, o *caráter* delas entrou em ação. Elas fizeram algo profundamente grandioso, e não só em sua época, para as pessoas a quem ajudaram ou a causa à qual se dedicavam, mas também por nós, hoje, por meio da inspiração que seus atos proporcionam.

Não foram as palavras que importavam. Foi o que fizeram por ser quem eram.

Foi o que Lincoln expressou em Gettysburg: não importa o que falamos, o que importa é o que *eles fizeram*. Seja Lou Gehrig, o orgulho dos Yankees; ou Marco Aurélio, lutando para cumprir seu destino e seguir o exemplo de Antonino; ou a rainha Elizabeth, vivendo sob pressão semelhante cerca de vinte séculos depois; ou Floyd Patterson, ao tentar recuperar seu título; ou Beethoven, recuando da beira do suicídio: sua autodisciplina, seu temperamento, sua resistência nos inspiram.

Sua virtude brilha.

Não podemos consagrá-la. É eterna por si só.

Só há uma maneira de honrá-la.

É seguindo seus passos, assumindo o "trabalho inacabado". Devemos dar continuidade à tradição da qual somos parte, quer saibamos ser parte dela ou não.

Tudo começa ao se aperfeiçoar de nossa própria virtude. Não com a ostentação de virtude, mas *vivendo* virtuosamente.

Podemos aprender quanto quisermos sobre virtude, mas, depois, quando chegamos à encruzilhada, precisamos escolher.

Abrimos este livro fazendo referências à Bíblia e a John Steinbeck. Vamos encerrá-lo unindo-as. Em *A leste do Éden*, Steinbeck conclui que a palavra mais importante do cristianismo é *timshel*.

Quando lemos os mandamentos traduzidos para o inglês, eles são representados dessa forma, como *mandamentos*. Todavia, Steinbeck pensa que a tradução do hebraico é mais precisa: não "tu deves", mas "tu podes".

"Há responsabilidade individual e a invenção da consciência", disse ele ao seu editor enquanto escrevia o livro. "Você pode, se quiser, mas cabe a você decidir. Essa pequena história revela-se uma das mais profundas do mundo. Sempre senti que era, mas agora sei que é."

Quer seja retirada da Bíblia, da história de Hércules, de *A leste do Éden* ou de *Fausto*, a mensagem da parábola é a mesma: temos uma escolha. Nós *escolhemos* entre o autocontrole e a indisciplina, entre a virtude e o vício.

O autocontrole deve se refletir em nosso físico. Deve ser incorporado em nossa mente. Deve ser posto em prática de modo magistral quando chegar o momento.

Nós decidimos como será. Não apenas uma vez, mas mil vezes durante a vida. Não apenas no passado e no futuro, mas agora mesmo, neste instante.

O que será?

Dependência ou independência?

Grandeza ou ruína?

Disciplina é destino.

Ela decide.

Você vai escolhê-la?

POSFÁCIO

Dois anos depois de começar a escrever este livro, travei. Para cumprir os prazos exigentes que meu editor havia estabelecido, eu sabia que precisaria começar no início de junho. Mas, sentado no escritório, examinando as pilhas de material, parecia quase impossível. Quase sempre, quando digito a primeira frase de um livro, sei exatamente o que vou dizer nas próximas.

Assim como a inspiração, "improvisar" é para amadores.

Um profissional tem um plano.

No entanto, fiquei assustado ao descobrir que não tinha um. Claro, tinha uma ideia geral do livro, mas havia muitas incertezas. Estrutura, personagens, exemplos... Eu não tinha certeza de nada. E como eu poderia tornar algo tão pouco atraente quanto a temperança em uma virtude interessante para o leitor? Não fazia ideia. Pior, comecei a questionar se eu *saberia* como conseguir isso.

Não há outra palavra senão "desespero" para descrever o que senti. Dúvida? Sempre temos. Receio? Há sempre um pouco antes de se tentar algo difícil. Aquilo era mais profundo. Não, era uma crise de confiança. Pensei que estava focado no assunto errado, que não tinha material e que a inspiração havia me abandonado. Então, comecei a pensar se deveria ligar para meu editor e pedir um adiamento.

Também estava cansado. Muito cansado.

Ter a *ideia* para um livro é uma busca criativa. De fato, *criar* o livro é um trabalho manual excruciante, que exige sentar-se em uma cadeira e triturar uma frase atrás da outra — um processo que não pode ser medido em horas ou dias, mas meses e anos. É uma maratona de resistência, cognitiva e física.

Na última década, corri não apenas algumas dessas maratonas, mas doze delas, consecutivas. São aproximadamente 2,5 milhões de palavras nos livros que publiquei, artigos que escrevi e e-mails diários que produzi no mesmo período. Escrevendo esta obra — a metade do caminho em minha série sobre as quatro virtudes —, me ocorre que estamos no terceiro ano civil de uma pandemia global desestabilizadora e devastadora, algo que comecei a vivenciar com dois filhos menores de quatro anos. Estou em um edifício histórico do século XIX, acima de uma livraria, que também montei e inaugurei durante o mesmo período turbulento e incerto. Nesta manhã, como em todas as manhãs, acordei às sete e caminhei com as crianças enquanto inspecionávamos as cercas do rancho onde moramos.*

Era como se tudo estivesse cobrando seu preço quando eu menos podia dar conta.

Não sou uma pessoa inclinada a acreditar em intervenção divina. Mas eu precisava de ajuda...

Em um dia de calor sufocante no Texas, estava sentado à mesa de minha sala de trabalho, examinando caixas que continham milhares de fichas de pesquisa. Como um todo, elas me sobrecarregaram — o que continham, a maneira como poderiam se encaixar para produzir um livro, tudo parecia algo impossível de compreender. Estendi a mão e peguei uma.

Havia apenas duas dúzias de palavras rabiscadas em caneta vermelha. Quando aquilo tinha sido escrito? Qual fora meu objetivo? O que me levou a anotar aquilo? Só sei que dizia:

Confiar no processo. Continuar fazendo as fichas. Quando as revisar em junho, se eu tiver feito meu trabalho, haverá um livro.

---

* Admito que ainda tenho o que melhorar quando se trata de manter o mais importante como o mais importante.

Não foi exatamente um milagre... mas, desafiando o espaço e o tempo, viajei do passado para o futuro para me entregar um lembrete de autodisciplina.

E adivinhe? *Aquilo me salvou.*

Não do trabalho, mas de mim mesmo. De desistir. De abandonar o sistema e o processo que haviam me servido tão bem durante a escrita de tantos livros, artigos e e-mails. Em uma das melhores passagens de *Meditações*, Marco Aurélio, muito provavelmente nas profundezas de alguma crise pessoal de fé, lembra a si mesmo: "Ame a disciplina que conhece e deixe que o ajude."

Foi o que a anotação me instruía a fazer.

Então eu o fiz.

Comecei a aparecer no escritório mais cedo todos os dias para desenvolver o que já tinha. Separei ficha por ficha em pequenas pilhas, à procura de conexões e tópicos que eu pudesse seguir, à procura da chave que abriria as portas da inspiração.

Em vez de me preocupar, usei a luz calma e suave da filosofia sobre a qual escrevo. Fazia longas caminhadas quando travava. Tentava seguir a rotina. Diminuía as distrações. Eu me concentrava. Também ficava sentado — simplesmente sentado — e pensava.

Confiei no processo. Amava a disciplina que conhecia. Deixei que me ajudasse.

Adoraria dizer que, logo depois, o livro ficou pronto em um *clique*. Mas não é assim que a escrita, nem a vida, funciona. O que aconteceu foi mais lento e mais iterativo, mas, no final, igualmente transformador.

Enquanto eu percorria o longo corredor do desespero, a luz começou a se infiltrar por ali. Lou Gehrig saiu das sombras. Depois de quase quatro mil páginas de biografias, a rainha Elizabeth emergiu como um exemplo de temperamento. Um personagem após o outro tornou-se discernível, aos poucos, de modo meticuloso, capítulo a capítulo.

O livro estava lá, como a anotação me prometera. Eu só precisava escrevê-lo.

O que tirei de bom da pandemia é que foi uma espécie de experimento forçado de estilo de vida, uma chance de refinar e melhorar minha rotina diária de escrita. À medida que os dias se confundiam e as oportunidades antes infinitas da vida cotidiana desapareciam, tudo o que restava era o dia... Tudo o que restava eram as palavras que eu precisava escrever.

Acordava cedo e vestia as crianças. Eu as colocava no carrinho e caminhávamos ou corríamos enquanto o sol nascia e minha esposa recuperava o sono de que tanto precisava. Contávamos os cervos enquanto descansávamos nos campos e observávamos os coelhos disparando por aí. Conversávamos e prestávamos atenção em tudo. Aproveitávamos a companhia uns dos outros — por completo, sem interrupções. Há muito tempo minha regra tem sido não conferir o telefone durante a primeira hora da manhã. Não se trata apenas de gerenciar quanto do meu tempo gasto diante de uma tela, mas de abrir espaço para momentos como aqueles... e para as ideias que surgiriam como um passe de mágica — como nos *arrebatamentos* de Beethoven — quando o trabalho era a última coisa em que eu estava pensando.

Quando voltávamos para casa, eu deixava as crianças brincando e tomava um banho. Trabalho por conta própria, mas é importante *se sentir*, em vez de parecer, bem — por isso, faço a barba toda manhã. O trabalho é muito importante para mim, então não gosto de aparentar desleixo. Visto uma roupa simples (mais ou menos a mesma todos os dias, para reduzir a perda de tempo com escolhas desnecessárias) e me sento com meu diário. Não importa se escrevo durante 5 ou 25 minutos; essa prática me centra. Anne Frank escreveu (no próprio diário) que o papel é mais paciente do que as pessoas. E tinha razão. Uma das melhores maneiras de moderar emoções difíceis é em uma página... e deixá-las lá.

Depois de escrever no diário, era hora de trabalhar — o mais importante e o mais difícil primeiro. Entrava em minha sala na livraria, organizava tudo sobre a mesa e escrevia. Sem atrasos, sem procrastinação, sem distrações digitais. Apenas escrevia. Em algum momento durante aqueles primeiros dias difíceis do livro, coloquei um lembrete na parede com uma citação de Martha Graham: "Nunca tenha medo do material. O material sabe quando você está com medo, e não vai ajudar." A disciplina é inútil sem coragem, e, lógico, a característica que define a coragem é a disciplina — *fortalecer a si mesmo* para o que deve ser feito.

Embora um livro exija muitas, mas *muitas* horas de trabalho, elas vêm em pequenos incrementos. Se eu chegar ao escritório às oito e meia da manhã, talvez termine de escrever às onze. Apenas algumas horas é o suficiente. Apenas algumas páginas ruins por dia, como diz uma velha regra de escrita. A disciplina de escrever tem a ver com marcar presença.

Passaram-se as estações. Os eventos mundiais se sucederam de um modo frenético, como sempre. Oportunidades, distrações, tentações, tudo isso fez o que costuma fazer: surgir, incitar, importunar, seduzir. Dia após dia, segui em frente. À direita do monitor do computador, entre duas fotos de meus filhos, está uma que me foi dada pelo psicólogo esportivo Jonathan Fader. É o famoso Dr. Oliver Sacks e, a suas costas, uma grande placa que ele mantinha no escritório e que dizia "NÃO!". Ao dizer "não" — para entrevistas, para reuniões, para "Podemos trocar uma ideia rapidinho?" —, eu estava dizendo "sim" para o que importa: minha família. Meu trabalho. Minha sanidade.

E o trabalho é mais do que apenas escrever. Sempre há coisas para fazer e problemas para resolver. À tarde, organizo os telefonemas e as entrevistas. Edito, leio, gravo os podcasts *Daily Stoic* e o *Daily Dad*. Trabalho em projetos para a livraria e em meus outros negócios. Ainda assim, não importa quanto o dia seja ocupado, janto em casa com minha família todas as noites — e, idealmente, a tempo de me perder nas brincadeiras com as crianças antes de comer. Depois, damos mais uma caminhada, então coloco meus filhos na cama.

Para mim, nada exigiu nem fortaleceu mais minha disciplina do que ter filhos. Tento pensar em como é difícil ser pequeno, sobretudo nesses tempos incertos. Tento lembrar que apressar as coisas, seja na hora de dormir ou no caminho para a escola, significa apressar o tempo que temos juntos, o tempo que nunca mais teremos. Quando fico frustrado ou irritado, penso que as crianças estão apenas cansadas. Com fome. Não sabem como se comunicar. Quando nos deitamos juntos na cama, digo a mim mesmo: "Isso é maravilhoso. Não há nada melhor." Em 2021, quando entrei em um avião pela primeira vez em dezoito meses, percebi que passei quinhentas noites consecutivas em casa. Não é de admirar que tenha sido tão produtivo... ou de admirar que eu tenha me sentido tão feliz, por mais difíceis que fossem as situações.

Por mim e por meus filhos, tento me manter disciplinado em todas as facetas da vida. Tenho uma dieta saudável e costumo jejuar cerca de dezesseis horas por dia. Consciente de que sou propenso à compulsão, não bebo, fumo nem uso drogas recreativas de qualquer tipo. Evito o ritmo frenético dos veículos de comunicação, com notícias cada vez mais negativas, e tento permanecer positivo e agir de forma moralmente positiva em um mundo quebrado. Mantenho o ego sob controle e, na medida do possível, o temperamento. Dou meu melhor para ser um bom marido e um cônjuge solidário. Durmo bem. Mantenho a mesa limpa — ou mais ou menos. Elimino tarefas não essenciais e delego aquelas que outros podem desempenhar.

Enquanto escrevia este livro, almocei com Manu Ginóbili, tetracampeão da NBA, All-Star, medalhista de ouro olímpico e, por acaso, um dos jogadores a quem Gregg Popovich concedeu descanso naquele polêmico jogo em 2012. Embora campeões como Michael Jordan e Tiger Woods sejam indiscutivelmente ótimos, fico muito mais impressionado com celebridades mundiais que encontram uma maneira de levar a vida privada com decência e equilíbrio. Sentados na varanda dos fundos, contei a Manu sobre algumas dificuldades que estava enfrentando, e ele me contou das finais da NBA de 2013.

Quando faltavam cinco segundos para o fim do sexto jogo, os Spurs tinham uma vantagem de três pontos, e Manu subiu para o rebote que encerraria a série. Foi superado por pouco pelo muito mais alto Chris Bosh, que passou a bola para Ray Allen, que mandou o jogo para a prorrogação com um arremesso de três. Na última jogada, com os Spurs perdendo por um ponto, a bola voltou para as mãos de Manu, que se dirigiu para a cesta. Era seu momento. Sua chance.

E não era para ser. A bola não entrou. O Heat venceu. A série passou para o sétimo jogo, que o Heat ganhou.

Ele me disse que, antes daquela partida, sempre fora um bom perdedor. Mas, depois daquela? Sua casa parecia um funeral. Havia um clima de tristeza, raiva, dor e desespero. Ficou como Floyd Patterson depois de perder o cinturão. Não conseguia comer ou pensar. Estava extremamente infeliz.

Existem algumas maneiras de encarar uma experiência assim. Com amargura. Arrependimento. Resignação. Ele poderia treinar mais, tornar-se mais motivado, levar as vitórias ainda mais a sério. Em vez disso, um pensamento surgiu enquanto ele lamentava e ruminava: "Acabei de jogar as finais da NBA. Por que não estou me divertindo?"

No ano seguinte, os Spurs estavam de volta. Após a avassaladora derrota no sétimo jogo, Manu e a equipe voltaram para vencer o Heat em apenas cinco jogos. Ele ganhou seu quarto campeonato da NBA e o quinto do time.

Mas o maior feito de Manu foi mudar sua relação com o jogo, com vencer e perder. Não era raiva ou vingança o que o impulsionava. Ele estava mesmo se divertindo.

Ele se tornou mais calmo, ganhou mais controle sobre as próprias emoções. Estava mais presente. Aproveitou mais. E, como resultado, era um pai, um marido e um companheiro de equipe melhor. Após a derrota dolorosa, Manu jogou mais cinco temporadas na NBA (dezesseis temporadas ao todo) e se aposentou como recordista dos Spurs em três pontos e roubadas de bola. Foi o terceiro em jogos disputados, o quarto em assistências e o quinto em pontos. Em 2019, os Spurs aposentaram a camisa 20 de Manu, que agora está no Hall da Fama.

A temperança também é sobre isso. Quando dizemos que a autodisciplina nos salva, parte do que nos salva é de nós mesmos. Às vezes, nos salva da preguiça ou da fraqueza e, outras, das ambições, dos excessos, do impulso de sermos severos demais com os outros e com nós mesmos. A temperança nos torna não apenas excelentes no que fazemos, mas *melhores*, no sentido mais amplo da palavra. Aristóteles, que muito discorreu sobre o assunto, nos lembrou que o objetivo da virtude não era o poder, a fama, o dinheiro ou o sucesso, e, sim, o *florescimento humano*.

O que pode existir de mais importante?

Enquanto me esforçava para escrever este livro, fiz o possível para melhorar em outra área da vida — a forma como meu trabalho e minha autodisciplina se manifestam em casa. Vários anos atrás, depois que vendi um projeto, minha editora ligou para minha esposa, em parte para nos parabenizar, mas também para pedir desculpas. Ela sabia o que aquilo significava para minha esposa, o que implicaria na minha vida, quem eu me tornava nas profundezas sombrias da escrita de um livro.

Independentemente de como este livro se saia, mesmo que faça diferença para muitas pessoas, o que mais me orgulha é *quem eu fui enquanto o escrevia*. Foi preciso pedir menos desculpas, mesmo quando parecia que o processo não daria certo. Mesmo no momento que senti que talvez precisasse postergar o prazo, me lembro de pensar: "E?" E daí? Às vezes, as coisas precisam ser adiadas.

Festina lente.

Por mais difícil que seja começar um livro, os estágios finais são os mais complicados. Em geral, é uma corrida, os prazos se aproximam, e um milhão de problemas aparecem. Nem sempre foi meu melhor momento. Mas então, enquanto eu trabalhava em casa nas páginas finais deste livro, meu filho de cinco anos ergueu os olhos de seu projeto de arte e disse: "Sinto muito por você ter perdido o emprego de escritor, papai." Pelo jeito, as coisas estavam tão menos malucas e eu tinha conseguido respeitar tanto meus limites que ele pensou que eu tinha sido forçado a me aposentar antes da hora.

Um eu menos disciplinado, um eu mais jovem? Teria sido destruído pelo estresse de um livro ainda menos estressante. Eu teria surtado. Teria sido consumido pela tarefa. Teria a levado para casa. Não havia luz calma e branda para mim quando se tratava de trabalho. Eu era extremamente ambicioso e resoluto... E, quando algo atrapalhava, me tornava indomável e agressivo. Essas reações me ajudavam a cumprir as demandas, mas também me faziam infeliz.

Não teriam sido adequadas neste projeto. Pior, teriam me transformado em um hipócrita.

Então, sim, ao terminar, ainda estou cansado.

Muito cansado. Mas me sinto maravilhoso.

A vida é para ser vivida. Somos destinados a sermos ativos e produzirmos.

Se os livros surgissem em um passe de mágica e sem esforço, todo mundo os escreveria.

Mas isso também vale para qualquer atividade. É bom que seja difícil. É bom que possa ser desanimador. É bom que parta seu coração, chute sua bunda, mexa com sua cabeça. Mas também pode ser feito de modo equilibrado, sustentável e, sobretudo, com temperança.

É o que separa os disciplinados dos indisciplinados, os fracos dos fortes, os amadores dos profissionais.

Ninguém nunca disse que o destino seria fácil.

Valeria a pena se fosse?

AGRADECIMENTOS

Ao chegar à metade desta série, devo agradecer a todos que me ajudaram até aqui: meus editores e equipe de marketing da Portfolio and Profile; meu agente, Stephen Hanselman; e minha equipe no Texas composta por Adrianna Hernandez, Jessica Davidson, Billy Oppenheimer, Justin Dumbeck, Dawson Carroll e Jane Brady Knight, bem como por Nils Parker e Brent Underwood, que fizeram com que fosse possível que eu escrevesse. O mesmo vale para meus sogros, Rod e Keran, que foram nossa única rede de apoio com as crianças nos últimos dois anos. Existe esta ideia de que a paternidade é inimiga da arte. Meus meninos me tornaram mais disciplinado e me deram mais foco do que nunca. Não consigo imaginar a vida sem eles. Acima de tudo, devo agradecer à minha esposa, Samantha, que tem uma abordagem muito mais fácil (e, para ser honesto, mais feliz e gentil) da disciplina diária com a qual continuo aprendendo. Ela apoia meus hábitos e minhas rotinas malucas, além de tolerar as muitas horas (e noites escuras) que dediquei à escrita de todos os livros nos últimos dez anos. E obrigado às muitas pessoas deste livro e de minha vida (Robert Greene, Marco Aurélio e outros), que me tornaram melhor com seu exemplo.

1ª edição	JULHO DE 2024
reimpressão	ABRIL DE 2025
impressão	IMPRENSA DA FÉ
papel de miolo	HYLTE 60 G/M²
papel de capa	CARTÃO SUPREMO ALTA ALVURA 250 G/M²
tipografia	REGISTER